KB112797

경단녀 재취업 공부법

이 책을 소중한

_____ 님에게 선물합니다.

_____ 드림

| 한 권으로 끝내는 재취업의 기술 |

경단녀
재취업
공부법

이시현 지음

위닝북스

희생 대신 일을 선택해
나만의 행복을 찾아라!

나는 20대 시절, 커리어를 쌓으며 사회에서 인정받고 있었다. 업무는 물론, 직원 관리에도 탁월한 능력을 발휘해 매장에 억대 매출을 안겨 주었다. 그 결과 개인 사업까지 시작하며 많은 경험과 노하우를 쌓아갔다.

하지만 탄탄대로일 것만 같던 나의 사회생활은 결혼과 육아로 인해 단절되었다. 난임으로 어렵게 얻은 아이만이 내 인생의 전부였다. 그렇게 육아에 올인하며 나 자신이 사라지는지도 알지 못했다. '엄마로서 3년을 살아야 아이의 미래가 결정된다'는 이야기에 자부심마저 느끼고 있었다. 엄마처럼 살기 싫다던 나는, 엄마보다 용기 없는 삶을 살아가고 있었다. 뒤돌아보니 나의 경력 단절은 내가 사회로부터 도피하고 있었기 때문에 생긴 것은 아닌가 싶었다. 육아에 대한 욕심과 함께 흘러버린 시간에 맞설 용기가 나지 않았던 것이다.

많은 여성들이 육아라는 현실적인 문제에 가로막히거나 재능을 발견하지 못하는 등 다양한 이유로 도전을 두려워하고 있다. 한때 나 역시도 육아를 핑계 삼아 남편의 울타리 안에 갇혀 있었다. 하지만 제2의 인생을 준비할 수 있는 최고의 타이밍은 결혼 후 경력 단절 시간이다. 자신의 인생을 새롭게 설계할 수 있는 출발점이다. 지혜롭고 열정적으로 행동한다면 빛나는 삶을 살 수 있다.

지금의 나는 좋아하는 일을 하며 행복한 꿈을 꾸는 여성으로 살아가고 있다. 그리고 경력 단절 여성들이 자신의 꿈을 찾는 데 도움을 주는 역할을 하고 있다. 이 일을 하며 알게 된 것은 생각보다 많은 여성들이 용기가 없어 행동하지 못한다는 것이었다. 사회로 나가는 것을 불안해하며 주저했다. 그래서 나는 그들에게 용기를 주기 위해 이 책을 썼다. 내가 어떻게 경력 단절을 이겨 내고 행복한 일을 시작하게 되었는지 이야기할 것이다.

나는 매일 스케줄 관리를 통해 일의 우선순위를 정하고 가정과 일의 균형을 잡아가고 있다. 많은 여성들의 진로를 함께 고민해 주며 그녀들의 성공을 누구보다 간절히 원하는 삶을 살고 있다. 불과 몇 년 전에는 생각지도 못했던 일이다. 희생이 아니라 일을 선택한 뒤 나는 달라진 인생을 살고 있다.

이런 나의 경험을 더 많은 이들에게 알리고 도움을 주고자 〈한국
재취업연구소〉를 설립했다. 나는 이곳에서 재취업에 대한 열망이 가
득한 경력 단절 여성들에게 1:1 컨설팅과 코칭을 해 주면서 만족스
러운 결과를 이끌어 내고 있다. 실제로 많은 여성들이 나와의 만남
으로 자신의 길을 찾았다. 자신도 몰랐던 가치를 깨닫고 꿈을 찾아
하고 싶은 일에 도전하는 용기를 얻어 갔다. 그 경험과 노하우, 깨달
음 등을 담아 이 책을 쓰게 되었다.

책을 쓴다고 하니 많은 분들이 내게서 받은 영향력에 대해 이야
기해 주었다. 덕분에 더욱 강한 확신이 들었다. 아직도 용기가 나지
않아 자신을 희생하고 있는 여성들에게 이 책이 시작점이 되길 바
란다. 육아 또한 하나의 경력일 뿐이라고 생각하면 어렵지 않다. 아
이에게 등대가 되어 주겠다는 생각으로 도전해 보자. 아이와 가족
의 행복을 위해서라도 자신의 진정한 가치를 깨닫고 행복한 삶을
살아가기를 소망한다.

나는 두 아이의 엄마이자 여성으로서 또 다른 꿈을 향해 나아가
고 있다. 바로 여성인재양성재단을 설립해 체계적인 교육 시스템을
만드는 것이다. 많은 여성들이 자신의 잠재력을 발견해 성공하고, 영
향력 있는 사람이 되었으면 한다. 자신의 존재 자체가 기적임을 깨
닫고 희생 대신 행복을 선택하는 여성으로 살아가기 바란다.

이 책이 나오기까지 많은 분들의 도움을 받았다. 내 안의 깨달음과 가치를 알아봐 주시고 책 출간까지 아낌없는 조언을 해 주신 〈한국책쓰기1인창업코칭협회〉의 김태광 대표 코치님과 〈위닝북스〉 출판사의 권동희 대표님께 깊은 감사를 드린다. 그리고 엄마의 꿈을 응원해 준 아들 도결이와 딸 도희에게 무한한 사랑을 보낸다. 책을 쓰는 내내 영감을 준 우리 엄마 이지영 여사님에게도 진심으로 감사드린다. 무엇보다 묵묵히 아내의 꿈을 응원해 주며 함께 꿈을 이루어 나가는 남편 김광율에게 존경과 사랑을 전한다.

2018년 10월
이시현

CONTENTS

재취업
어떻게 시작해야 할까?

PART 1

PART 2

재취업의 골든타임을
놓치지 마라

성공하는
재취업 전략 10계명

PART 3

구직 능력을 높이는
8가지 기술

PART 4

10년 후 어떤 삶을 살 것인가?

PART 5

: 재취업 어떻게 시작해야 할까?

재취업
어떻게 시작해야 할까?

지혜로운 사람은 행동으로 말을 증명하고
어리석은 사람은 말로 행위를 변명한다.

・유대 정권

요즘 학교에서는 체험학습을 가거나 가족 여행을 가면 결석 처리도 되지 않는다고 한다. 나의 친구는 얼마 전 대출을 받아 가족 여행을 다녀왔다. 아이의 반 친구들은 모두 해외여행을 다녀왔는데, 자신의 아이만 경험이 없어 창피해하더란다. 하지만 사정이 여의치 않아 대출을 받게 되었다고 한다.

이렇게 아이를 위해서라면 무엇이든 하는 요즘 엄마들더러 극성이라고들 하지만, 막상 나도 부모가 되니 남의 일이 아니게 되었다. 첫째 아이를 배 속에 품고 있던 시절, 길을 걸어가다가 초등학생들의 대화를 우연히 듣게 되었다.

"너희 엄마는 무슨 일해? 대학 나왔어?"

"우리 엄마 고졸일걸?"

"우리 엄마는 ○○회사 팀장이야. 돈도 잘 벌어서 방학 때 해외 가기로 했어."

"부럽다. 우리 엄마도 일이나 해서 나 간섭 좀 안 했으면 좋겠다." 나는 이 대화를 들으며 내 어린 시절이 떠올랐다.

어린 시절, 우리 집은 형편이 좋지 않았다. 나는 고등학생 때 불우 학생으로 등록되어 학비를 면제받기도 했다. 돈을 내야 하는 행사에는 한 번도 참석하지 못했다. 수학여행을 가야 하는데 남동생도 비슷한 시기에 가야 해서 엄마가 고민이 많으셨다. 엄마는 나에게 조심스럽게 "수학여행… 가야겠지?"라고 물으셨다. 나는 아무렇지도 않게 "괜찮아. 안 가도 돼. 가 봤자 재미도 없어."라고 대답했다. 나는 친구들이 수학여행에 간 동안 학교에 남아 공부했다.

아직도 엄마의 운동화가 기억난다. 1년이 넘도록 매일 신어서 닳고 닳은 운동화를 보며 제발 새 신발을 사 신으셨으면 좋겠다고 생각했다. 하지만 엄마는 우리 남매를 위해 자신에게는 돈을 쓰지 않으셨다. 오전에는 길에서 전단지를 돌리다가 우리가 학교에서 돌아올 시간에 맞춰 집으로 오셔서 밥을 차려 주셨다. 그리고 저녁에 다시 식당으로 출근해 일을 하셨다. 정말 열심히 사셨다.

우리 집이 부자였으면 좋겠다는 생각을 자주 했다. 잘사는 친구들이 부러웠다. 뭔가 멋진 일을 하시는 것 같은 친구 엄마들과는 달리 우리 엄마가 하는 일은 창피하게 느껴졌다. 엄마가 어떤 일을 하시는지 친구들에게 알리고 싶지 않았다. 자존심이 떨어지는 기분이었다.

나는 내 아이에게 당당하고 자랑스러운 엄마가 되고 싶다. 내 아이가 경제적인 어려움을 겪게 하지 않을 것이다. 그러려면 무엇을 해야 할까?

제일 먼저 현실을 직시해야 한다. 재취업을 하는 이유가 생계를 위해서인지, 새로운 도전을 하고 싶어서인지 냉정하게 파악하는 과정이 필요하다. 생계형의 경우, 자신의 감정과 가치를 우선순위로 두는 것은 사치다. 경력이 인정되는 곳에서 조금이라도 수입을 높이는 것이 우선이다. 생계 때문에 일을 시작하긴 했지만 꿈을 이루기 위한 과정이라고 관점을 바꿔 보자. 아이와 함께 보내는 시간은 줄어들겠지만 자신의 일을 하는 엄마의 모습은 아이에게 멋있게 보일 것이다.

나는 8년간의 경력 단절을 깨고 생계형과 도전형 두 가지 모두를 선택했다. 재취업을 위해 어떤 노력이 필요한지 다음과 같이 설명할 수 있다.

첫째, 하고 싶은 일을 찾기 위해 모든 방법을 동원하라.

나의 재취업은 내가 생계를 꾸려가야 하는 상황에서 시작했다. 남편이 육아휴직을 내서 내가 일을 해야 했다. 육아휴직 시 나오는 돈은 그리 많지 않다. 모든 생활비를 내가 벌어야 했기에 누구보다 악착같이 일했다. 하지만 나는 당당했다. 일을 하는 과정에서 또 다른 꿈을 꾸었다.

하고 싶은 일을 찾는 것은 쉬운 일이 아니다. 지금 상황이 힘들더라도 하고 싶은 일을 찾는 과정이라고 생각하고 멀리 내다보길 바란다. 당신이 하는 모든 일이 경험으로 남아 자신을 만나는 여정에서 도움이 될 것이다. 할 수 있는 일부터 시작해 하고 싶은 일을 찾는다면 어느새 전문성을 갖추게 될 것이다.

둘째, 넓은 시야로 다양한 직업을 탐색하라.

나는 원래 가지고 있던 경력을 중심으로 일을 구했다. 새로운 일에 도전하는 것보다는 부담이 덜하고, 경력을 인정받아 더 높이 올라갈 수 있을 것 같아서였다. 하지만 선택의 폭이 좁아지는 것 또한 사실이었다. 재취업은 도전 정신을 가지고 해야 한다. 앞으로 살아갈 날이 많은데 하던 일만 반복해서 할 필요가 있을까? 한 분야에서 전문성을 키우려면 적어도 10년 이상은 해야 한다고 본다. 그렇다면 새로운 분야에서 10년 후 모습을 생각해 보는 것도 좋은 방법이다. 인생은 길기 때문이다. 간접 경험도 좋고 다양한 방법으로 여러 가지 취업 분야를 탐색해야 한다. 우물 안 경단녀가 되지 않기를 바란다.

마지막으로, 자신을 믿고 용기를 내라.

이 책을 읽고 있는 당신은 벌써 성공한 것이다. 무언가를 갈망하고 도전해 보겠다는 의지가 있기 때문이다. 내가 워킹맘이 되고 나서 제일 많이 듣는 소리는 "나도 일하고 싶다."다. 하지만 그들은 어떤 행동도 하지 않는다. 사실은 일하고 싶은 게 아니라 혼자이고 싶은 것이다. 돈 신경 안 쓰고 사고 싶은 것 사고, 하고 싶은 것 맘껏 하고 싶다는 뜻이다. 막상 일을 해 보면 생각지 않은 일들도 벌어지고, 자신감이 떨어지는 상황도 생긴다. 경력 단절 기간 동안 다른 이들은 많은 발전을 해 왔다는 것을 인정해야 한다. 하지만 당신도 육아를 하면서 많은 것들을 경험했다. 그것들을 이용해 상황을 극복해 나갈 수도 있다. 단점을 장점으로 만드는 것이다. 일을 하는 것보다 내 안의 진정한 나를 찾는 것이 먼저다. 그런 의미에서 이 책을 보는 당신은 작은 것이라도 행동으로 보여 줬기 때문에 성공의 출발점에 서 있다고 할 수 있다.

나는 특별히 예쁘지도, 날씬하지도, 키가 커서 눈에 띄지도 않는다. 나는 그냥 아줌마다. 이런 나도 하고 있다. 당신이 못할 이유는 없다. 자신을 믿고 용기를 내기만 하면 된다. 재취업을 어떻게 시작해야 할지 모르겠는가? 생계형이든 도전형이든, 답은 하나다. 당신 삶의 주인공이 되어 일단 행동하라. 머리로만 고민한다면 끝내 해답을 찾지 못한다.

02

가장 먼저
자존감을 찾아라

스스로 자신을 존경하면 다른 사람도 그대를 존경할 것이다.
· 공자

취업을 하기 위해 가장 먼저 해야 할 일은 무엇인가? 구직 사이트에서 나와 맞는 일자리가 있는지 찾아보는 것일까? 중요한 한 가지를 놓치고 있다. 이것을 깨닫지 못한다면 이직을 반복하게 될 뿐이다. 일자리를 찾는다는 생각을 잠시 접어두고 내 안의 나를 찾는다는 생각에서부터 시작해 보자.

여자는 임신하고 출산을 하면서 몸과 마음 모두 회복이 필요하다. 하지만 현실은 이상과 다르다. 나는 첫째 아이를 출산하고 4주 뒤부터 독박육아를 하게 되었다. 아이가 95일 되던 날, 출장 갔던 남편이 집으로 돌아왔다. 그 사이 우리 집에 온 손님은 단 한 명도 없었다. 그도 그럴 것이 몸과 마음이 지쳐 있었기 때문에 누군가의 방문이 달갑지 않았다.

아이가 자다가 칭얼거리면 숨을 죽이고 바라봤다. '더 자라, 더 자라…' 하지만 아이는 눈을 떴고, 나는 기계처럼 젖을 물렸다. 창밖을 바라보며 바깥세상과의 거리감을 느끼고 창살 없는 감옥에서 지내는 것 같은 기분에 한없이 울기만 했다. 그렇게 사회와 단절되었다.

어릴 적 우리 가족은 모두 생선을 좋아했다. 엄마는 생선 몸통의 살을 모두 발라 나와 남동생에게 주고 머리만 드셨다.

"엄마는 생선 머리 좋아해?"

"응. 엄마는 생선 머리가 제일 맛있어. 살은 너희 다 먹어."

나는 중학생이 될 때까지 엄마가 생선 머리만 좋아한다고 생각했다. 모든 것이 그랬다. 먹을 게 있으면 항상 자식이 먼저였다.

명절날, 음식을 준비하러 엄마와 큰집에 갔다. 할머니는 우리를 반겨 주셨다.

"어멈아, 너 좋아하는 조기 여기 있다."

주방에서 할머니가 엄마에게 조기를 주며 먹으라고 하셨다. 나는 그날 엄마가 생선 머리만 좋아하는 게 아니라는 사실을 알았다.

나는 엄마처럼 살기 싫었다. 엄마의 인생이 답답해 보였다. "엄마도 먹고 싶은 거 먹어.", "엄마도 하고 싶은 것 좀 해." 친구 엄마들이 한껏 꾸미고 맛있는 것 사 먹으라며 용돈을 주는 모습이 너무나 부러웠다. 그렇게 살지 못하는 엄마가 답답했다.

그런 내가 어느 순간, 엄마의 모습을 하고 있었다. 내가 먹는 것보다 아이가 먹는 모습을 보는 게 더 좋았다. 생선살을 가시 하나없이 잘 발라서 아이 입에 넣어 주면서 나는 한 끼도 제대로 먹지않았다. 대충 주전부리로 배를 채우고는 아이만 챙겼다. 이런 나를보며 남편은 답답해했다. 당신도 장모님과 똑같다며, 아이만 챙기지말고 내가 좋아하는 것 먹으라고 했다.

엄마는 우리에게 먹을 것이라도 부족함 없이 주고 싶어서 일을한다고 했었다. 매일 식당에서 힘들게 일해서 받은 일당으로 우리에게 끼니를 챙겨 주셨다. 지금은 그때보다 풍족하게 생활하고 있지만 요즘은 아이 하나를 키우더라도 교육비가 많이 들어 외벌이로는 힘들다. 엄마처럼 살지 않기 위해서는 남편이 돈을 더 많이 벌거나 나도 일을 해야 했다. 엄마처럼 살기 싫다던 내가 엄마보다 못하다는 생각이 들었다.

'배운 게 도둑질'이라는 말만 생각하며 뷰티 분야가 아닌 다른분야는 도전해 볼 용기도 나지 않았다. '젊고 예쁜 직원 채용하지,누가 아줌마를 고용하겠어.' 그래도 한때는 잘나가고 능력을 인정받던 나였다. 아이를 출산하고 남편의 외벌이로 생활비 계산하는아줌마가 된 나는 아무짝에도 쓸모없다고 생각했다. 자신처럼 고생 안 했으면 좋겠다던 엄마의 바람과는 다르게 나의 자존감은 바닥을 치고 있었다.

주말에도 역시 독박육아를 하면서 아이를 데리고 놀이터로 놀러 나갔다가 둘째를 출산한 지 반년 정도 지난 정미 언니를 만나게 되었다. 언니는 출산했음에도 불구하고 훨씬 예뻐지고 세련된 모습을 하고 있었다. 안부를 묻다가 언니가 다시 일을 시작했다는 이야기를 들었다. 일을 하니 해방된 기분이라고 했다.

언니는 지인과 같이 일을 시작했다고 한다. 그런데 그 지인은 성과가 나오지 않자 자신감이 떨어져 "나는 일을 하면 안 되는 성격인가 봐."라고 하더니 퇴사를 해 버렸다. 그런데 얼마 지나지 않아 같은 일을 다른 지역에서 시작했다고 한다. 지역이 바뀌고 주변인이 바뀌면 성과가 오를까? 성과가 나오지 않는다면 다시 또 퇴사할 것인가? 이건 인내심 문제이기보단 의지 문제라는 생각이 들었다. 그렇다면 그녀는 직장만 잃는 것인가? 그동안 투자한 시간마저 잃어버린 것이다. 지인은 자신감이 떨어지면서 자존감마저 상실하는 모습을 보였다고 한다. 누구나 처음은 있을 텐데, 위기를 이겨 내려면 '나'라는 자존감 뿌리가 단단해야 할 것 같다는 생각이 들었다. 그 당시 성과가 나오지 않는 건 정미 언니도 마찬가지였다고 한다. 언니는 끝까지 해 보자는 다짐으로 자신을 믿고, 할 수 있는 모든 방법들을 동원했다. 조금씩 성과가 보였고, 지금은 즐겁게 자신의 삶에 만족하며 지내고 있다고 했다.

나는 언니에게 일을 하는 동안 아이들은 어떻게 하는지, 아플 때는 어떻게 하는지 이것저것 물어봤다. 장기간의 경력 단절로 사회생활은 다른 세상 같다는 생각이 들었다. 불과 몇 년 전에는 나도 일하는 여성이었는데 두려움이 앞서는 이유는 무엇일까?

하지만 과거의 내 모습, 나 자신을 찾고 싶었다. 인정받으며 일하는 희열 또한 느끼고 싶었다. 내 안에서 무언가 꿈틀거리는 것이 느껴졌다. 나는 언니에게 나도 일을 다시 하고 싶다고 말했다. 언니의 대답은 명쾌했다.

"나 같으면 하겠다."

이 말이 나에게 새롭게 다가왔다. 내가 그동안 '나'를 잊고 산 것 같았다. 일을 하게 되면 아이는 어떻게 하나 걱정되기도 하고, 아이를 방치하고 자기만 생각하는 엄마라는 소리를 들을까 봐 두렵기도 했었다. 내가 진짜 원하는 것이 무엇인지도 모른 채 상황이 따라주지 않는다며 핑계거리만 만들고 있었다는 생각이 들었다. 일을 하며 아이를 키우고 있는 여성들이 많음에도 불구하고, 나는 무조건 할 수 없다고만 결론짓고 있던 것이다. 이 문제를 해결하지 않는다면, 일을 시작하더라도 생각하지 못한 업무나 어려움에 자신감을 잃어버려 의욕이 사라질 수도 있겠다는 생각이 들었다.

기회가 왔을 때 주변의 시선을 의식하지 않고 잡아야 행운이 따른다. 나 역시 바닥에서 허우적대고 있던 자존감을 끌어올리기 위해 부단히도 노력했다. 그리고 지금은 나를 사랑하는 한 여성으로 자리 잡았다. 하지만 예전의 나였다면 내가 어떻게 저런 걸 할 수 있겠냐며 수많은 기회를 놓치고 말았을 것이다.

재취업을 원하는 경력 단절 여성이라면 가장 먼저 자존감을 찾아야 한다. 새로 시작하는 다른 환경에서 나의 자리를 만들기 위해선 본연의 내가 우뚝 서야 한다는 것이다. 그렇지 않다면 어려운 일이 생겼을 때 이직을 반복하는 상황을 되풀이할 것이다.

8년간의 경력 단절을 극복하고 일을 시작한 내가 이 자리에 있을 수 있는 것은 '나'를 찾고 싶다는 생각에서부터 자존감을 바로 잡았기 때문이다. 그 뒤 나의 가치관을 확고히 잡고 상처 되는 말에도 흔들리지 않았다. 경력 단절을 깨고 재취업을 준비한다면, 가장 먼저 자존감을 찾아보자. 새로운 앞날이 당신을 기다리고 있을 것이다.

03

당신의 인생을
구조조정하라

자신이 어떻게 변해 왔는지 알려면 변하지 않은 곳으로 돌아가는 것보다 더 좋은 방법은 없다.
• 넬슨 만델라

매일 아침 우리 집은 전쟁터가 따로 없다. 부랴부랴 준비를 마치고 아이를 등원시키는 길에 출근하는 워킹맘과 마주친다. 일하는 엄마들이 내심 부럽기도 하다. 하지만 곧 아이와의 애착 형성을 위한 중요한 시기이니 잘하고 있는 것이라며 나를 포장한다. 마음한편에는 '버는 돈만큼 나가는 돈이 많을 것'이라며 자신을 설득해본다.

다시 돌아온 집에서 쌓인 설거지와 난장판이 된 거실을 보며 나도 모르는 공허함이 밀려온다. 거울 속 나는 축 늘어진 티셔츠와 질끈 묶은 머리로 세상 무서운 게 없는 아줌마가 되어 있다. 그래도 해야 할 일들이 많다. 감정을 여유롭게 느끼기에는 시간이 부족하다. 금세 하원시간이 다가오기 때문이다. 그전에 바쁘게 움직여야 한다. 돌아온 아이와 놀이터에서 놀아 주고 다시 집으로 들어왔을 때 어느 정도 정리가 되어 있어야 일이 줄어든다는 기분이다. 어차피 다시 어질러질 집이지만 내 몸은 청소를 하고 있다. 그러면서 생각한다. '나도 다시 한번 일에 도전해 볼까….'

이렇게 반복되는 매일을 보낸 것이 8년이었다.

지금의 남편은 연애 시절 군대를 제대한 뒤 취업에서 여러 번 불합격을 맛본, 백수 남자친구였다. 나는 남편의 성품과 사랑만을 믿고 연애를 했다. 남편은 결국 원하던 취업에 성공했다. 우리는 그 후 무일푼으로 결혼생활을 시작했다. 요즘 같은 시대에는 큰 용기가 필요했던 결혼이다. 서울에서는 어림도 없는 결혼생활이었을 것이다. 다행히 남편의 첫 직장은 강원도 동해였다. 우리는 대출을 받아 보증금 3,000만 원에 월세를 내며 신혼생활을 시작했다.

나는 넉넉지 않은 살림에 경제적인 안정을 원해 일자리를 찾기 시작했다. 10년 정도 뷰티업계에서 종사했던 나는, 당연히 재취업이 될 거라고 생각하고 있었다. 이력서를 넣은 한 곳에서 연락이 오고 면접을 봤지만 취업이 되지 않았다. 결혼은 했는데 아직 아이가 없으니 곧 임신 예정이냐는 질문에 나는 솔직하게 임신 준비 중이라고 대답했다. 결국 다른 일자리를 찾아보라는 말을 들었다. 그렇게 결혼 후 나는 소위 경단녀(경력 단절 여성)가 되었다. 먼 나라 이야기 같았던 경단녀가 이제는 나의 이야기가 된 것이다.

항상 내 능력을 유지할 것만 같았고, 취업이 되지 않는 불명예가 있을 것이라고는 생각한 적이 없었다. 그러고 보니 출산을 한 친구들이 재취업은 힘든 여정이라며 짧은 출산휴가만 쓰고 아직 몸도 추스르지 못한 상태에서 근무를 시작했다는 이야기도 어렴풋이 떠올랐다. 출산과 양육은 경제 활동에서 자의적이거나 타의적으로 배제된다. 육아휴직 후 복귀하고 나서는 열악한 직업과 직위에 놓이는 경우도 종종 볼 수 있다. 그렇게 나는 둘째 아이를 출산하기까지, 취업하기에 적합하지 않은 경단녀로 살기 시작했다.

아이를 낳기 전에는 육아가 그리 힘들 것이라고 생각하지 못했다. 나는 우아한 육아를 할 것만 같았다. 사랑으로 아이를 보살피고 TV 광고 속의 모습처럼 품 안에 아이를 안고 있는 자태만 상상했다. 큰 오산이었다는 것을 알기에는 그리 많은 시간이 걸리지 않았다. 출산을 하고 모유 수유를 시작하면서부터 현실을 인지하기 시작한 것이다. 턱 끝까지 내려오는 다크서클은 물론, 그야말로 걸어 다니는 종합병원이었다.

남편은 출장이 잦은 직업이라 한 달에 2주 정도는 집에서 출퇴근을 하고 나머지 2주는 항상 출장 중이었다. 양가 부모님의 도움을 받을 수 있는 상황도 아니었다. 나는 '독박육아', '헬육아'를 시작했다. 그렇게 2년 정도 지난 어느 날, 나에게 단비 같은 하루의 휴가가 주어졌다. 오랜만에 아는 동생과 약속을 잡고 아이 없이 혼자 외출한다는 설렘으로 하루하루 그날만을 기다렸다.

그러다 문득, 입고 나갈 만한 옷이 있는지 걱정됐다. 옷장에는 외출복이라고는 없고 집 앞에 나갈 때나 입는 편한 옷들만 가득했다. 화장품들도 언제 쓰던 것인지 마스카라는 굳어 있고 립스틱과 아이섀도도 엉망이었다. 나는 급하게 인터넷 쇼핑몰을 뒤지기 시작했다.

'음… 이 옷은 평상시에는 못 입을 것 같네. 이 옷은 활동하기 불편할 것 같고… 이런, 살 만한 옷이 없네.'

오랜만에 외출복을 사는 것인데도 나는 편한 옷을 찾고 있었다. 아이와 함께할 때 입기 적합한 옷을 찾은 것이다. 문득 변한 내 자신이 참 측은했다.

'왜 내 약속에 입을 옷을 사는데, 아이를 들먹거리며 한참을 고민하고 있는 걸까? 참 궁상맞은 인생이구나. 날 위해 옷 한 벌 정도는 선물로 해 줄 수 있잖아….'

그러면서도 한참을 고민하고 또 고민했다.

그리 풍요로운 생활은 아니었다. 시장에서 장을 보다가 5,000원짜리 예쁜 티셔츠를 발견하면 '득템'했다는 생각에 기분이 좋았다. 가족을 위해 내가 희생한다는 자부심까지 가지고 있었다. 난 자발적인 경단녀라며, 아이를 위한 선택이었다고 자부하며 지냈다. 3년은 엄마가 항상 곁에 있어야 아이와 애착 형성이 잘되고, 자존감 높은 아이로 키울 수 있다는 사회적인 분위기도 한몫했던 것 같다.

오랜만에 만난 동생은 시간과 돈으로부터 꽤나 자유로워 보였다. 아이를 봐 주는 친정 엄마도 계시고 자신만의 커리어를 갖고 회사에서도 인정받고 있었다. 나는 출산 후부터 영화와는 담을 쌓고 지냈는데, 최신 개봉 영화를 모두 관람한 그녀의 시간적인 자유가 부럽기만 했다. 육아를 시작으로 여러 주제에 대한 이야기를 나눴지만 그녀와 나의 삶은 너무도 달랐다. 나는 많은 생각이 들었다. '나도 일은 하고 싶은데 아이를 돌봐 줄 사람이 없는 것뿐이야. 얘는 친정 엄마가 아이를 돌봐 주시기 때문에 가능한 거야'라고 합리화를 했다.

　　다음 날, 어김없이 같은 일상이 반복됐다. 하지만 달라진 것이 하나 있었다. 내 삶이 무의미하다고 느끼기 시작한 것이다. 그렇게 인생의 위기를 맞이했다. 육아우울증이 온 것이다. 변화가 필요하다는 생각이 들었다. 지금 나는 원하는 삶을 살고 있는가? 이대로라면 내 인생이 무너질 것만 같았다. 5,000원 티셔츠를 사고 득템했다고 즐거워하는 내 모습을 버리고 싶었다. 지금 변화하지 않는다면 세상 어디에도 내 자리가 없을 것 같았다.

　　본연의 나를 찾기 위해 내가 할 수 있는 것들은 무엇일지 생각했다. 지금과 같은 일상이라면 아무런 발전도 기대하지 못할 것이다. '이 자리에서 멈출 것인가, 나의 생각과 행동을 뜯어고치고 앞으로 나아갈 것인가'의 갈림길에 섰다. 기회는 아주 극한 상황에서 모습을 드러낸다고 한다. 나는 우울증이라는 시련을 출발점으로 삼기로 했다. 인생을 구조조정할 수 있는 기회로 여겼다. 그 결과 지금의 내가 될 수 있었다.

당신의 앞에도 지금보다 더 나은 삶이 기다리고 있다. 인생의 가치를 올리기 위해 멈추지 말고 생각과 행동에 끊임없이 변화를 주어야 한다. 인생을 구조조정하기 위해선 자신의 가치를 발견해 스스로 '나의 자리'를 찾아야 한다.

04

재취업
제대로 알고 하라

해보지 않고는 당신이 무엇을 해낼 수 있는지 알 수가 없다.

· 프랭클린 애덤

'육아도 스펙이며 경력 단절도 경력'이라는 말을 요즘 많이 한다. 학력과 스펙으로 좋은 직장에 들어가는 시대는 지나갔다고 한다. 그만큼 자존감을 많이 올리라는 이야기일 것이다. 하지만 한 가지 묻고 싶다. 재취업을 원하는 여성들은 이 말에 과연 얼마나 공감할까? 육아로 인내심도 쌓았고 경력 단절로 인해 열정도 가득한데 날 찾는 곳은 다단계 기업뿐인 이유는 무엇일까?

경단녀는 오랜 시간 사회와 단절되면서 소통이 부진해진다. 그러다 아이들을 어린이집이나 학교에 보내게 되면서 단 몇 시간이지만 혼자만의 시간을 갖게 된다. 이제 나를 위한 투자를 해 보겠다며 운동을 하거나 사람들을 만나기도 한다. 그리고 다시 일을 시작해야겠다는 생각을 한다.

나보다 1년 빨리 아이를 출산한 영주는 아이들이 집에 없는 시간에 일자리를 구하고 있었다. 재택 근무할 주부사원을 모집한다는 공고를 보고 사무실을 방문해 설명회를 들었다며 비전 있는 회사 같다고 자랑했다. 하는 일에 비해 월급도 높아 보인다며 상당히 마음에 들어 했다. 일을 하고 보니 아이가 있어도 가능한 일이라며 나에게 추천해 주었다. 나도 집에서 놀면 뭐하겠나 싶어 영주와 함께 사무실에 방문했다.

설명회에는 꽤 많은 사람들이 모여 있었고 대다수가 주부들이었다. 전국적으로 지사도 있으며 제시하는 비전도 좋아 보였다. 무엇보다 출근하지 않고 집에서 아이를 보며 일할 수 있다는 것에 큰 메리트를 느꼈다. 거기다 수입도 좋으니 관심을 가질 수밖에 없었다. 사업을 설명해 주는 팀장은 상당한 언변가였다. 당당하며 멋있는 커리어우먼의 모습을 하고 있어 그곳의 여성들 모두 '나도 저분처럼 살고 싶다'고 생각했을 것이다.

팀장은 본격적으로 일을 진행하는 방법을 알려 주었다. 그런데 일을 시작하기 전 일정 금액의 등록비를 내야 한다고 했다. 누가 봐도 질이 안 좋아 보이는 다단계였다. 요즘 네트워크는 큰 문제가 되지 않는다. 오히려 큰돈을 버는 사람도 있고 제품의 질도 좋다. 하지만 그곳의 플랜은 중간 중간 허점이 보였다. 납득이 되지 않는 부분들이 있었다.

영주에게 등록비를 낸 상태냐고 물었더니 벌써 완불한 상태였다. 그리고 월급 한 달 치를 받았다고 했다. 나는 영주에게 그건 월급이 아니라 빌려준 돈을 받은 거라고 했다. 등록비가 전부 회수되고 나서 받은 돈이 있다면 거기서부터 월급인 것이다. 하지만 영주는 이렇게 좋은 환경에서 근무하는데 그 정도는 감수해야 한다며 적반하장으로 굴었다.

나는 영주에게 등록비를 돌려받고 여기서 나가 다른 일자리를 알아보자고 했다. 영주는 곤란해하면서 나를 설득했다. 자기가 믿고 싶은 것만 믿는 것이다. 그 후 여러 차례 설득했지만, 결국 그녀와의 사이는 멀어졌다. 얼마 지나지 않아 영주의 소식을 들을 수 있었다. 꽤 많은 돈을 사기 당했다고 한다. 마음이 아팠다. 그녀는 시간과 돈을 잃고 마음에도 큰 상처를 입었을 것이다.

누가 그런 사기를 당하냐, 허황된 욕심에 눈이 멀어서 그렇게 된 것이라며 자신에게는 그런 일이 일어나지 않을 거라고 단정 짓는 사람이 많다. 하지만 내가 아는 영주는 욕심 때문에 그런 것이 아니다. 그저 아이를 어린이집에 보내 놓고 집안일을 하면서 소소하게 용돈벌이를 할 생각이었다. 나 역시 마찬가지인 상황이었기에 도움을 주고자 권했던 것이다. 카드 값에서만 벗어나도 숨통이 트일 것 같다던 영주의 말이 생각난다. 결과가 좋지 않아 씁쓸하다.

경력 단절 여성에게 재취업은 쉬울 수도, 어려울 수도 있다. 하지만 '나도 한번 일이나 해 볼까' 하는 것과 제대로 하기 위해 과정을 밟는 것은 천지차이다. 냉정히 말하자면 세상에는 사기꾼이 많다. 내가 제대로 하지 않으면 당하는 세상이다. 돈만 날리는 문제가 아니다. 아직 세상밖에 나오지 않은 아이에게 폭력을 가하는 것과 같은 것이라 생각한다. 재취업은 인생 2막의 첫 스타트라고 표현하고 싶다. 조금은 더 신중하게 제대로 알아보고 시작해야 한다.

나는 재취업을 결혼과 비유한다. 누군가 내 사람이 되기까지 제대로 알아보지 않는다면 깊은 만남이 이루어질까? 그저 잠시 지나가는 사람이라면 싫증이 나거나 자신을 불편하게 만들 때 이내 이별을 통보할 것이다. 그리고 또 다른 인연을 기다린다. 차라리 한 사람을 제대로 만나 제대로 된 인생을 살아가는 게 더 현명하지 않을까. 잃는 것은 돈, 시간, 마음의 상처이고, 얻는 것은 두려움이다.

희수 씨는 자신은 가정주부가 천직이라며 집안일을 하고 아이를 돌보는 것에 만족을 느꼈다. 결혼을 늦게 한 희수 씨는 나이에 비해 아이도 어렸지만 그것을 천직이라 할 만큼 행복해했다. SNS에 예쁘게 꾸민 집과 보기 좋게 세팅한 아이들 간식 사진을 올리며 주부의 생활을 만끽했다.

그러던 그녀가 아이가 돌이 되기 전, 직업을 갖게 되었다. 블로그에 아이들 간식과 반찬 사진을 올리던 것이 계기가 되어 수강생을 받게 된 것이다. 그녀의 집으로 수강생들이 찾아와 함께 소통하며 음식 만드는 법을 알려 주었다. 처음 음식을 만들어 사진을 찍고 그것을 블로그에 올리기까지 어느 하나 허투루 한 것이 없었기에 가능한 일이었다. 자신이 좋아하는 일이 소득으로 연결되도록 그녀는 많은 노력을 했다. 아이가 자는 사이 인터넷 강의를 통해 여러 가지를 공부했다고 한다. 그러면서 욕심이 생겨 일을 더 적극적으로 해 보고 싶다는 생각이 들었다. 아이들을 대상으로 하는 방과 후 수업은 어떨까 고민해 본 결과, 지금까지처럼 집으로 수강생들을 불러 수업하는 것에서 만족하기로 했다. 방과 후라면 그녀도 아이를 돌봐야 하는 시간이고, 아이들을 좋아하긴 하지만 체력 소모가 많을 것 같다는 판단에서였다. 이처럼 그녀는 제대로 알아보고 자신에게 맞는 일을 찾았다.

사전 조사 없이 그저 막연하게 일을 시작하면 자신의 개성이나 성향, 전문성 등은 무시하게 된다. 그럴 때 가정이 편안하지 못하고 아이에게 문제가 생긴다거나 하는 일이 생기면 어떨까? 바로 일을 그만두거나 아니면 죄인 같은 마음으로 억지로 일을 할지도 모른다.

재취업을 제대로 알고 시작한다면 이야기는 달라진다. 자신의 개성을 살리고 내세울 수 있는 스펙을 찾거나 취득할 수도 있다. 자기계발에 투자한다면 전문성까지 키울 수 있다.

높은 학력과 스펙으로 취업이 되는 시대는 지나갔다고 한다. 하지만 현실은 아직도 어렵다. 육아가 스펙이 되고 경력 단절로 억눌렸던 열정을 표현할 수 있으려면 우선 제대로 취업부터 되고 나서야 할 수 있는 이야기들이다. 그저 위로하기 위해서 하는 이야기들은 재취업 전선에서 뛰고 있는 이들에게 큰 도움이 되지 못한다. 내가 가진 능력, 열정 등 모든 것을 표현할 수 있는 곳을 선택하려면, 원하는 것을 제대로 알고 원하는 직장에 대한 정보도 알아보고 시작해야 한다. 제대로 알아보지 않고 한 재취업은 생각지도 못한 결과를 가지고 오기도 한다. 성공적인 재취업을 위해 제대로 알고 시작하자.

05

하고 싶은 일을
노트에 적어라

성취하려면 행동뿐만 아니라 꿈을 꾸어야 하며, 계획을 세울 뿐만 아니라 그것을 믿어야 한다.
· 아나톨 프랑스

어린 시절 우리 집은 형편이 어려웠다. 그래서 부모님은 자주 다투셨다. 동네에서 매일 큰소리로 싸우는 집으로 유명했다. 나는 잠들기 전 항상 이불 속에서 숨죽이며 울었다. 사는 게 지옥 같았다.

결국 초등학생 때, 엄마는 아버지의 폭력을 피해 집을 나가기로 하셨다. 나는 차마 엄마를 붙잡지 못했다. 오히려 엄마를 이해했다. 집을 나가야 엄마가 살 수 있을 것 같았다. 나는 집을 나서는 엄마를 배웅했다. 인사를 나누고 걸어가던 엄마는 결국 다시 돌아와 나를 안고 한참을 우셨다. 그때의 기억이 지금도 생생하다. 다행히도 아버지는 우리 남매에게는 따뜻한 분이셨다. 하지만 난 아버지에 대한 원망이 크기만 했다.

이런 어린 시절의 영향으로 나는 원하는 가정생활이 뚜렷하게 정해져 있었다. 남편 역시 좋은 가정환경에서 자란 것은 아니었다. 남편과 대화 후에 우리는 아이에게 같은 환경을 대물림해 주지 말자며 노력하기로 했다.

우리는 구청에서 운영하는 건강가정지원센터를 찾았다. 그곳에서는 '행복한 가정 만들기'라는 프로그램을 진행했다. 프로그램 중에는 부부협약서를 작성하는 시간이 있었다. 부부가 5년 후 미래를 위해 노력해야 할 것과 계획을 적는 것이었다. 남편과 그것을 작성하며 나는 원하는 부부의 모습을 갖추기 위해서 가장 먼저 해야 할 일이 무엇인지 깨달았다. 바로 나 자신을 제대로 봐야 한다는 것이다. 행복한 부부의 모습을 원하는 이유와 경제적으로 자유로워지고 싶은 이유를 먼저 생각해 봐야 했다.

나는 노트에 그것들을 구체적으로 적었다. 머릿속에서 떠오르는 생각들을 그냥 흘려보내는 것과 글로 적어 구체화시키는 것은 큰 차이가 있기 때문이다. 이날 적은 협약서는 안방 서랍장 유리 밑에 아직도 자리 잡고 있다.

꿈을 이루는 가장 좋은 방법은 내가 무엇을 원하는지 제대로 아는 것이다. 그러기 위해서는 나를 객관적으로 바라봐야 한다. 노트와 펜만 있으면 누구나 할 수 있다. 하지만 육아와 살림에만 집중하는 삶을 살다가 갑자기 하고 싶은 것을 노트에 적으라고 하면 생각보다 적을 것이 없다. 시야가 좁고 경험이 부족해서다. 내가 아닌 타인을 위한 삶을 살았기 때문이다. 그럴 때는 하기 싫은 것을 적어 보는 것도 괜찮은 방법이다. 싫어하는 것의 반대를 생각해 보고 그것을 해 보면 좋아하는지 아닌지 알 수 있을 것이다.

막연하게 생각으로만 끝내선 안 된다. 구체적으로 알아보고 호기심을 가져야 한다. 아이가 무엇을 좋아하는지 어떤 것에 반응을 보이는지 관찰하던 것처럼 자신에 대해서도 관찰해야 한다. 자신이 어떤 상황에서 어떤 감정을 느끼는지 구체적으로 기록을 남기다 보면 하고 싶은 일들이 하나씩 생겨날 것이다.

책이나 미디어 등 도움이 될 만한 것들도 참고하자. 간접 경험을 통해 자신이 그 일을 할 수 있을지 상상해 보는 것도 좋다. 조금만 부지런하면 더 자세히 알아볼 수도 있다. 그 일을 이룬 자신의 모습을 상상해 보고 그 느낌을 적어 보자. 다른 무엇보다 자신에게 이기적으로 집중해야 한다. 남들에게 보이는 모습이 아닌, 내면의 나를 관찰하고 대화를 시도하면 하고 싶고 좋아하는 일들이 하나 둘씩 나오게 된다.

하고 싶은 일을 노트에 적음으로써 신용불량자에서 100억 원대 자산가가 된 한 남성이 있다. 그는 빚에 쫓기는 상황에서 일자리도 없는, 안 좋은 조건은 모두 갖추고 있는 상황이었다. 심지어 아버지의 음독자살로 인해 가족 모두를 부양해야 했다. 그런 그를 다시 일으켜 세운 것은 다름 아닌 노트와 펜이었다. 그는 이루고 싶은 꿈을 모두 노트에 적었다. '2년 안에 모든 빚 갚기', 'TV 출연하기', '작가로 성공하기', '벤츠 오너 되기' 등 하고 싶은 일들을 전부 적었다. 그리고 눈에 잘 띄는 곳에 붙여 두고, 지갑에도 넣어서 가지고 다녔다. 그는 그 목록을 수시로 들여다보며 우선순위를 정하고, 시간과 열정을 쏟아 부었다. 평범했던 그가 100억 원 이상의 자산가가 될 수 있었던 이유는 끊임없이 자신과 대화를 하며 미래에 한 발짝씩 다가갔기 때문이다.

그는 바로 〈한국책쓰기1인창업코칭협회(이하 한책협)〉의 김태광 대표 코치다. 출판사와 작가들 사이에선 신화 같은 존재다. 만약 그가 막연히 머릿속으로만 성공하고 싶다고 열망했다면 지금과 같은 성공을 이룰 수 있었을까?

나는 그보다 더 좋은 조건을 가지고 있다. 편하게 살 수 있는 공간이 있고, 가정을 이루고 있으며, 배고픔에 굶주리는 상황은 아니지 않은가. 하지만 나는 나에 대해 잘 몰랐다. 그리고 경력 단절을 극복해 보겠다고 치열하게 노력해 본 적도 없다. 그저 일하고 싶다는 생각만 했을 뿐이다.

자신의 목소리에 먼저 귀 기울여 집중해 보자. 조건이나 환경은 따지지 마라. 가장 본능적인 것이 재취업의 문을 열어 주는 좋은 답이 될 수도 있다. 머릿속의 살아있는 생각을 기록해 보자. 하나씩 적다 보면 어느새 노트를 가득 채울 것이다. 그것은 높은 곳만을 바라보는 취업이 아닌, 넓은 시야로 찾게 해 주는 수단이 된다. 단순한 방법이지만 일을 찾는 데 어려움을 겪고 있다면 분명히 도움이 된다.

"진정으로 만족하는 유일한 길은 당신이 위대한 일이라고 믿는 일을 하는 것이다. 그것은 당신이 사랑하는 일을 하는 것이다. 사랑하는 사람을 찾듯 사랑하는 일을 찾아라."

스티브 잡스의 말이다. 인생을 다시 시작하는 재취업이 당신이 사랑하는 일이 되길 바란다. 하고 싶은 일을 노트에 적어 나를 바로 알면 사랑하는 일이 무엇인지 보일 것이다. 당신의 능력과 재능을 알아볼 수 있는 도구로 활용되기 때문이다. 누구보다 빠르게 행동해 다른 이들보다 넓은 시야로 많은 재취업의 길들을 걷길 바란다.

06

좋아하는 일을
찾아라

대체로 말하면, 인생은 우리가 선택하는 대로 되는 것이다.
· 월 풀

좋아하는 일을 찾는다는 것은 마트에서 먹고 싶은 것을 고르는 것처럼 쉬운 일이 아니다. 재취업을 위해 나에게 맞는 직업을 찾는 데도 생각보다 많은 시간이 걸린다. 생계수단과 함께, 어떤 부모로 살아갈지 결정되기 때문이다. 성공한 부모가 되고 싶은 것은 누구나 같은 마음이라고 생각한다. 성공한 사람들은 하나같이 좋아하는 일을 했다고 한다. 그 말은 좋아하는 일을 처음부터 알고 있었다는 소리다.

나는 결혼 후 일자리를 갖기 위해 이것저것 알아보았다. 임신 준비 중이고 난임이었던 터라 병원도 꾸준히 다녀야 했다. 오랜 시간 일해야 하는 업무보다는 파트타임이 적합하다고 생각했다. 아직 출산을 하지 않은 기혼 여성이 새로운 일자리를 찾는다는 것은 매우 어려운 일이었다. 몇 번의 면접에서 떨어지고 나서야 현실을 직시하게 되었다.

구인광고를 보던 도중 "출산 후 엄마와 아이를 위한 특별한 선물을 만든다."라는 문구를 보았다. 아이를 기다리고 있었기에 눈에 잘 들어 왔던 것 같다. 임동천 대표님이 운영하시는 세움 탯줄도장 사무실이었다. 떨리는 마음으로 면접을 보고 뜻밖에도 다음날부터 출근해 달라는 이야기를 들었다. 당시 상황도 솔직하게 이야기하니 많은 부분을 배려해 주셨다.

그렇게 나는 결혼 후 첫 아르바이트를 시작했다. 탯줄도장 의뢰가 들어오면 고객과 상담을 진행하고 주문서를 작성하는 일이었다. 새로운 업무라 어려운 점도 있었지만 즐거웠다. 다시 일하는 즐거움과 아침에 출근하는 재미가 참 좋았다. 퇴근하고 집으로 돌아가면 고객 응대할 때 신속하게 할 수 있는 방법들을 정리했다. 똑같은 질문을 다시 하지 않기 위해 나만의 방법으로 업무를 숙지한 것이다.

그 회사는 출산한 엄마들에게 아이와의 추억을 담을 수 있는 도구들을 판매하는 회사였다. 탯줄도장을 처음 만든 곳으로, 대표님은 엄마들의 마음을 헤아려 준다는 자부심을 가지고 계셨다. 그런 곳에서 고객 응대를 하려면 탄탄한 지식을 바탕으로 신뢰를 줘야 한다는 책임감이 들었다. 타사와 무엇이 다른지, 우리 회사를 선택해야 하는 이유가 무엇인지 막힘없이 설명하기 위해 퇴근 후 정보들을 수집해 나갔다. 고객 응대는 기존에도 하던 일이었기에 정보 수집과 전달력만 숙달되어 있으면 된다고 생각했다. 그저 시간만 때우는 일이라고 생각하지 않았다. 대표님은 아르바이트생인 나에게도 비전을 가지고 일하라며, 업무를 자세히 배우고 자기계발에 투자하라고 조언해 주셨다. 사무실의 모든 직원 분들도 내가 어색해하지 않고 잘 지내도록 많은 도움을 주셨다.

이곳에서 나는 기존의 경력을 고집할 필요가 없다는 것을 깨달았다. 거주지 문제로 오랜 시간 근무하진 못했지만, 관심을 가지고 능력을 계발한다면 어떤 일이든 의미 있음을 알게 되었다.

좋아하는 일을 찾는 것은 거창한 일이 아니다. 현재 관심 있는 것에서 시작되기도 한다. 소비자에서 판매자가 되어 보기도 하는 것이다. 일의 범위를 넓게 생각해 보라. 그 일을 찾기까지 성장과정이 필요한 것은 분명하다. 이런 깨달음을 얻기까지 나 역시 많은 시간을 보내며 아낌없이 투자했다.

취미를 만들거나 평소 존경하던 사람을 만나기도 하고, 강연이나 세미나에 적극 참여해 보자. 책을 통해 간접 경험을 해 보는 것도 좋은 방법이다. 좋아하는 줄 알았던 일이 막상 해 보니 맞지 않을 수 있고, 생각지도 않았던 일이 재미있게 느껴질 수도 있다. 다양한 경험을 통해 나에게 맞는 일을 찾을 수 있고 좋아하는 일을 찾을 수도 있다. 그러다 가슴이 두근거림을 느끼게 된다면 또 다른 새로운 인생을 시작할 수 있는 기회가 찾아오게 된다.

나는 스물두 살에 코스메틱 브랜드 '미샤'에서 장기간 근무했었다. 지금은 누구나 다 아는 유명 브랜드가 되었지만 당시에는 생소한 회사였다. 20대 초반의 나는 회사와 같이 성장했다. 남다른 애사심으로 큰 보람과 자부심을 느끼며 일했더니 능력을 인정받기도 했다.

그래서 재취업을 준비할 때도 뷰티업종을 알아보기 시작했다. 원래 하던 일이 내가 좋아하는 일인 줄 알았다. 20대를 뷰티업계에서 보냈으니 결과적으로 그 일이 내가 좋아하는 일이라는 판단을 내렸다.

다시 찾은 일도 뷰티업종이었다. '닥터펩티'라는 코스메틱 브랜드의 세일즈 업무를 맡게 되었다. 신생기업이지만 제품력이 뛰어난 회사였다. 큰 용기가 필요했지만 다시 일하고 열정을 쏟을 수 있다는 것에 두근거리기 시작했다. 여자들이 하기 좋은 직업, 나이 들어서도 꾸준히 할 수 있는 직업이라고 생각했다. 그렇게 다시 할 수 있는 일을 하게 된 것이다.

긴 시간 뷰티업종과 함께하면서, 어느 순간 당연한 거라고 생각했고 잘하는 일이 되었다. 당연히 좋아하는 일이라고 생각했다. 하지만 돌이켜 보면 그냥 할 수 있는 일이었을 뿐이다. 지금은 새로운 길을 걷고 있다. 다시 찾은 일을 하며 그 과정에서 좋아하는 일을 찾게 된 것이다. 내가 좋아하는 일을 찾기 위해 할 수 있었던 일을 한 것이다. 그리고 더 큰 꿈이 생겼다.

좋아하는 일을 찾는 것은 보물찾기와도 같다. 보물을 찾으려면 지도를 연구하고 여기저기 뒤져 봐야 하는 것처럼 가만히 앉아서 생각만 한다고 좋아하는 일을 찾을 수는 없다. 다양한 경험을 통해 가슴이 두근거리는 일을 찾아야 한다. 그러면 또 다른 방법과 일이 기다리고 있을 것이다. 그렇게 꿈은 눈덩이처럼 불어나기 시작한다.

좋아하는 일을 해서 성공하는 것이 쉬워 보일 때도 있었다. 또 누군가가 어린 시절부터 꿈을 찾아 재능을 발견하는 모습을 보고 부럽기도 했다. 좋아하는 일이 없는 것은 내가 부족하기 때문이라고 생각했었다. 그것이 잘못된 생각이라는 것을 깨닫는 데 많은 시간이 걸렸다.

좋아하는 것을 찾기 위해 다양한 경험을 하고 시련을 극복한다면 성공적인 재취업을 할 수 있을 것이다. 나의 경험을 담은 이 책이 당신에게 자신을 발견하고 힘이 되어 줄 수 있는 계기가 되길 바란다. 좋아하는 일을 찾아 재취업에 성공하는 과정 중에 시련과 위기가 있다 해도 꾸준한 노력으로 이겨 낸다면 눈덩이처럼 불어난 꿈을 향해 힘차게 달려가고 있는 자신을 발견할 것이다.

07

명확한 꿈을
가져라

꿈을 향해 대담하게 나아가고 상상한 삶을 살기 위해 노력을 기울이면,
평범한 시기에 뜻밖의 성공을 접하게 될 것이다.

· 헨리 데이비드 소로

나의 꿈은 현모양처였다. 현모양처의 사전적 의미는 '어진 어머니이자 착한 아내'다. 하지만 나는 그런 의미보다는, 집에서 편안하게 남편이 벌어다 주는 돈으로 살림하며 아이를 키우고 싶다는 생각에서 현모양처라는 꿈을 가졌다. 힘든 사회생활은 그만 하고 집에서 우아하게 쉬고 싶은 마음이 컸다.

재취업을 준비하기 전에 이상과 꿈에 대한 정확한 구분이 필요하다. 꿈은 목표를 세워 구체적인 계획을 만들어야 하는 것이다. 현모양처는 그저 편하게 살고 싶은 나의 바람이었을 뿐이다. 워킹맘으로 살아가고 있는 지금, 결과적으로 현모양처의 꿈은 이루어지지 않았다. 내가 꿈을 이루지 못한 이유는 무엇일까? 아니, 정확히 말해 목표를 세우지 못하는 이유에 대해 알아보자.

나는 심적으로 지쳐 있었다. 남편의 외벌이로 살림을 유지하기 어려웠기 때문이다. 그리고 우리에게는 거주 문제도 있는 상태였다. 두 아이를 키우기에는 역부족이었다. 절약하면서 살면 해결될 수도 있겠지만 그러기에는 사고 싶은 것도 먹고 싶은 것도 많았다. 하고 싶은 일들을 하지 못하고 돈을 아껴도 결국 마이너스였다.

나는 힘든 상황에서도 현모양처가 되기 위해 꼼꼼하게 가계부를 적으면서 살림을 했고, 아이 교육에도 지대한 관심을 가졌다. 하지만 결국 그 꿈을 이루지 못한 이유는 내가 진정으로 원하는 꿈이 아니었기 때문이다. 그래서 살림과 육아를 열정적으로 해내지 못했다. 나의 내면에서 원하는 꿈이 아니라 열정이 없어서 억지로 했기 때문에 정신적, 육체적으로 버티기 힘들었다.

재취업도 마찬가지다. 명확한 꿈과 목표가 없다면 육체적으로나 정신적으로 지칠 수밖에 없다. 하지만 명확한 꿈이 있을 경우 그것을 이루기 위해 목표를 세우고 계획을 짜며 행동으로 옮기게 된다. 그리고 힘든 상황을 맞이했을 때 유지할 수 있다. 이는 열정이 있기에 가능한 일이다.

70대의 유튜브 스타 박막례 할머니를 아는가? 그녀는 '인생은 아름다워'라는 슬로건으로 국내 최고령 뷰티 크리에이터로 활동하고 있다. 언니들이 치매로 고생하는 것을 보고 자신도 치매에 걸릴까 봐 두려워하던 할머니에게 손녀 김유라 씨가 취미 생활로 유튜브를 추천한 것이 계기가 되었다. 할머니는 다양하고 독특한 소재로 영상을 제작해 눈길을 끌었다. 서툰 한글과 타자 실력으로 인스타그램 또한 활발하게 운영 중이다. 높은 인기에 힘입어 국내뿐만 아니라 해외에도 소개되어 미국 구글 본사에서 초청을 받기도 했다.

할머니와 손녀는 방송이나 예능 등의 출연 요청은 정중히 거절하고 있다. 할머니의 의도와는 다르게 내용이 각색되거나 잘못 전달될까 봐 걱정하는 마음에서다. 하지만 뉴스 인터뷰는 언제나 환영인데, 할머니 또래 어르신들이 즐겨 보는 매체이므로 그분들에게 인생은 끝까지 살아봐야 안다는 즐거운 희망을 줄 수 있을 것이라는 바람 때문이라고 한다. 이렇게 자신만의 신념을 가지고 70대의 할머니는 제2의 인생을 살고 계신다.

처음부터 명확한 꿈을 가지지 않아도 된다. 자신이 즐길 수 있는 일들을 찾아보기도 하고, 하고 싶은 일들을 하나씩 해 나가면 된다. 여기서 중요한 것은 행동해야 꿈이 생기고, 꿈을 위해 또 다른 행동을 한다는 것이다. 박막례 할머니처럼 명확한 꿈을 가진다면 꿈을 이루기 위한 열정이 더해지고 확신도 커진다. 그 확신이 밑거름이 되어 자신을 움직이게 만드는 것이다. 할머니에게도 장애물은 있었을 것이다. 각종 신문사나 대중매체의 출연 요청을 거부하면서 좋지 못한 이야기도 들었고, 상처 되는 댓글도 많이 달렸다. 하지만 이것들로 인해 일을 중단하지 않았다. 그저 지나가는 일로 여겼다. 비슷한 연령대에 용기를 주고 싶다는 확신이 어려움을 극복하고 일에 전념할 수 있게 만든 것이다. 명확한 꿈이 있다면 문제나 장애물은 그저 하나의 과정일 뿐이다.

나에게 꿈이란 막연한 것이었다. 돈이 많았으면 좋겠고, 로또 1등 당첨의 주인공이 나였으면 좋겠다는 상상만 가득했던 시절이 있었다. 지금은 작가가 되어 다양한 분야에서 활동하고 있다. 이 또한 내가 명확한 꿈을 가지고 나서부터 가능해진 일이다.

재취업을 하고 나서 많은 변화들이 생겼다. 목표를 세우고 달성하기 위해 계획을 세워 나의 자리를 구축했다. 8년의 경력 단절을 극복하고 다시 찾은 일은 화장품 방문판매였다. 한 번도 해 보지 않은 분야이기에 큰 용기가 필요했고 자리를 잡기 위해 많은 시도를 했다. 새로운 환경에서 적응할 새도 없이 앞만 보고 달렸다. 그 과정에서 많은 시련이 따랐다.

8년간의 경력 단절로 인해 시대에 맞지 않은 사고방식이 문제였다. 나는 열심히 발로 뛰는데 다른 사람들은 편안하게 여러 방법으로 판매하고 있었다. 또한 고객이 물건을 주문해 놓고는 연락이 되지 않는 경우도 있었다. 그 와중에도 포기하지 않고 일을 했던 것은 목표가 있고 그 목표가 이루어지면 꿈이 이루어진다는 사실을 알고 있었기 때문이다. 정해 놓은 목표를 위해 열정을 다해 일하면서 나는 하나씩 새로운 것을 발견했다. 그것은 또 다른 꿈을 만들어 냈다. 모든 과정을 이겨 내며 목표를 이루다 보니 꿈도 진화한다는 사실을 깨달았다. 시련을 이겨 내는 과정에서 성장하며 더 큰 꿈을 그리게 되는 것이다.

만약 내가 명확한 꿈이 없이 생계형으로 일을 시작했다면, 그 어려운 과정들을 버틸 수 있었을까? 아마도 신세한탄만 하며 현실을 부정하고 있었을 것이다. 그런 모습은 가정에도 영향을 미쳤을 것이다.

재취업은 생각보다 힘든 여정이 될 수 있다. 하고 싶은 일을 찾기까지 긴 시간이 걸리기도 하며 생각지 못한 상처를 받을 수도 있다. 아직도 두려움이 앞서 도전하지 못하는 사람들이 많다는 것을 알고 있다. 명확한 꿈이 없기 때문이다. 현모양처를 꿈꾸던 나처럼 말이다. 나는 지금도 현모양처를 꿈꾼다. 하지만 달라진 것이 있다. 나를 사랑하며 내가 행복해야 한다는 확신으로 가정의 중심이 되었다. 내가 생각하는 현모양처는 '명확한 꿈이 있는 아내이자 엄마'다.

명확한 꿈 안에는 경제적인 것도 포함되어 있다. 내가 원하는 소득 또한 구체적으로 계획해 놨다. 남편에게 든든한 지원군이 되고 싶기 때문이다. 또한 아이들의 자립심을 키워 주기 위해 엄마로서 많은 노력을 하고 있다.

앞으로 어쩌면 내가 생각지도 못한 문제들이 닥칠 수도 있다. 하지만 그 장애물들을 이겨 내고 더욱 단단해질 수 있는 이유는 명확한 꿈이 있기 때문이다. 당신도 명확한 꿈으로 자신의 행복을 찾을 수 있는 재취업에 도전해 보길 바란다.

08

인생은
지금부터다

어린 시절, 남동생과 나는 상상놀이를 즐겨 했다. 방바닥에 누워 여러 가지를 상상했다.

"누나는 1억 원이 생기면 뭐할 거야?"

"음… 집도 사고, 차도 사고, 엄마 빚도 갚아드려야지!"

"그럼 정말 좋겠다!"

그러다 어느 순간부터 우리는 상상놀이를 하지 않았다. 현실이 너무 고달팠기 때문이다.

재취업을 원할 때도 나는 상상에 빠졌다. 하늘에서 돈이 뚝 떨어졌으면 좋겠고, 집안일을 대신 해 주는 가사도우미가 있었으면 좋겠고, 사고 싶은 것 고민 없이 다 사고 싶었다. 우리 네 식구 아무 걱정 없이 살 수 있는 전셋집이라도 있었으면 좋겠다고 매일 생각했다.

어린 시절이나 재취업 전이나 나는 편안한 삶에 대한 욕구가 컸다. 하지만 절대 행동으로 옮기지는 않았다. 그저 공상만 하며 하루를 보냈다.

재취업에 성공해 다시 세일즈 일을 하면서 다양한 사람들을 만났다. 그중 70대의 한 여사님이 기억에 남는다. 2년 사이 살이 너무 빠져서 탄력 없는 얼굴로 고민을 많이 하셨다. 내가 추천해 드린 제품을 사용하시고 상당히 만족하셔서 꾸준히 인연을 이어나갔다.

어느 날 여사님께서 사무실에 방문하셨다. 어쩐 일로 오셨냐고 하니 조심스럽게 "나 같은 늙은이도 이런 일을 할 수 있나…?"라고 하셨다. 시집, 장가간 자식들에게 더 이상 민폐가 되면 안 되겠다는 생각이 드셨다고 한다. 나는 그 용기에 감명받아 최대한 도와드리기로 했다. 나는 여사님과 매일 만나 제품에 대해 교육하고 판매 스킬들을 알려 드렸다. 세부적인 성분을 이야기하는 것보다 여사님이 표현하기 좋은 단어들로 고객에게 다가갈 수 있도록 도와드렸다. 하지만 아무래도 나이가 드셔서 움직이기가 힘이 드니 화장품 방문판매 일은 어렵지 않을까 생각이 들었다. 그래서 다른 하실 만한 일이 없나 찾아보고 여러 기관의 연락처도 알려 드렸다. 여사님은 나와 대화하면 어떤 일이라도 해야 할 것 같은 기분이 들어 용기를 낼 수 있었다고 하셨다. 나는 그 말씀에 큰 보람을 느꼈다. 그 후 여사님이 고맙다며 많은 지인들을 내게 소개시켜 주셔서 또 다른 인연들을 이어갈 수 있었다.

여사님을 보며 나는 많은 생각을 하게 되었다. 지금이라도 일을 시작한 내가 대견스럽기도 했고, 한참 늦었다고 생각하며 자신감이 떨어졌던 시기도 있었는데 여사님의 용기에 반성하게 되었다. 그리고 인생이 불안하다면 지금부터 무엇이라도 시작해야 한다는 깨달음을 얻었다. 실패가 두려워 도전하지 않는다는 것은 아이가 넘어지는 것이 무서워 걷지 않는 것과 같다. 아이마다 성장 속도는 다르지만 언젠가는 반드시 일어나 걷게 된다. 그 과정에서 넘어지기도 하고 상처도 나겠지만 그것이 무서워 도전하지 않는다면 결코 걸을 수 없다. 걸음을 뗀 아이는 넘치는 에너지로 새로운 세상을 탐험하게 된다.

재취업을 원하는 여성도 마찬가지다. 성장 과정을 겪고 그것을 앞당긴다면 분명 다른 성장 속도를 보이게 된다. 아이처럼 세상을 탐험하는 에너자이저가 될 것이다.

아이를 배 속에 품고도 강의를 다니며 진통이 와도 꿋꿋이 버틸 정도로 자신의 일을 사랑한 한 여성이 있다. 〈한국SNS마케팅협회〉의 신상희 대표다. 그녀는 돈보다도 자신의 커리어를 우선으로 삼고 매사에 열정적으로 임했다. 하지만 연년생으로 아이를 낳고 보니 현실은 자신의 생각과 달랐다. 결국 2년간의 경력 단절 시기를 보내게 된다. 자존감이 높았던 그녀는 자신의 삶을 살고 싶은 욕구가 강하게 밀려왔다. 그러다 우연히 보게 된 메일 한 통이 그녀의 삶을 바꾸었다. 〈한책협〉의 김태광 대표 코치에게서 온 책 쓰기 특강 초대 메일이었다. 그녀는 알 수 없는 이끌림에 창원에서 〈한책협〉 센터가 있는 분당으로 향했다. 그것이 인연이 되어 그녀는 작가가 되었고, 지금은 억대 연봉의 메신저가 되어 살아가고 있다.

신상희 대표는 경력이 단절되고 나서부터 자신의 인생이 끝난 것만 같은 기분이 들지 않았을까. 예전과 다른 자신의 모습이 어색하고 남들과 똑같이 그저 흘러가는 대로 사는 삶이 될까 두려웠던 것은 아닐까. 그냥 읽고 지나칠 수 있는 메일 한 통이었을 수도 있지만 창원에서 분당까지 갔다는 것은 삶을 바꾸고 싶다는 간절함 때문 아니었을까.

나 역시 8년간의 경력 단절로 많은 것을 느꼈다. 첫째 아이는 4년간 독박육아로 키워 냈고, 둘째를 출산하고 100일쯤부터 워킹맘으로 살아가기 시작했다. 그래서 경단녀의 생활과 워킹맘의 고충을 누구보다 잘 안다. 분명한 것은 내가 재취업을 선택한 그 순간부터 또 다른 인생이 시작된다는 것이다.

매일 같은 하루를 살아가는 것 같지만 어제와 다른 오늘로 내일을 맞이한다. 일을 시작하고 또 다른 일에 도전하며 많은 어려움과 장애물들이 있었다. 나는 장애물에 익숙해져 있다. 아직 최고가 아니기에 최고로 가기 위해 겪어야 할 과정임을 인정하기 때문이다. 누구나 시작은 있기 마련이다. 나는 8년의 경력 단절을 지나 다시 시작했다. 도전이 두려워 머무르는 삶을 살지 않기 위해 나를 단련시키고 있다. 재취업은 내 인생에 있어 또 다른 도약이었다.

예전의 모습으로 돌아가는 것은 원치 않는다. 나는 성숙해졌고 앞으로 펼쳐질 미래에 대한 기대감으로 하루하루를 살아가고 있다. 재취업이 나를 바꿨다. 나를 발견했고 또 다른 꿈도 생겼다. 작년에는 절대 몰랐던, 그리고 어제도 몰랐던 오늘을 살고 있다. 일을 한다는 것은 오늘을 꿈꾸게 해 주고 미래를 확인시켜 주는 것이다.

"내가 몇 년만 젊었어도 지금보다 빛나는 삶을 살았을 거야."

많은 어르신들이 말씀하신다. 하지만 세월을 돌릴 수는 없다. 뒤늦게 후회하는 삶을 살 것인가, 지금 바로 도전해 이루는 삶을 살 것인가? 지금 주어진 이 시간을 행운으로 여기고 도전하자. 재취업을 두려워하지 말고 피하지 마라. 행동하는 자만이 원하는 것을 얻을 수 있다. 세상에는 하고 싶은 일들과 해야 할 일들이 넘쳐난다. 재취업이라는 도구로 인생에 큰 변화를 주고 싶다면 크게 외쳐 보자.

"내 인생은 지금부터 시작이야!"

PART 2

: 재취업의 골든타임을 놓치지 마라

01

재취업에도
골든타임이 있다

미래는 현재 우리가 무엇을 하는가에 달려 있다.
· 마하트마 간디

내 인생에서 가장 빛나던 시간은 언제일까? 찬찬히 과거를 돌아보며 아직 나에게는 그런 순간이 오지 않았다는 생각도 든다.

남들이 말하는 경단녀가 내 모습인 것은 인정하겠는데, 언제 일을 시작해야 할지 모르겠다. 아이가 성장하고 나서 시작해야 하나? 초등학생이 되면 엄마 손이 더 간다고 하던데, 이런저런 생각들이 많다. 왜 모든 것이 걸림돌이 되는 것일까? 재취업 시기를 놓쳐 노후 준비가 되지 않았다는 이야기는 뉴스에서 종종 볼 수 있다. 젊음을 언제까지나 유지할 수 없다는 것을 느끼게 해 준다.

10년 넘게 알고 지낸 민영 언니는 30대 중반쯤에 재취업을 해 볼 생각으로 이곳저곳 알아보다가 결국 취업은 하지 않았다. 퇴근

시간이 늦거나 적성에 맞지 않는 등 많은 걸림돌이 있었기 때문이다. 평소 꾸미기를 좋아해 주얼리에도 관심이 많던 언니는 결국 마흔 살이 넘어 주얼리 매장을 열었다. 취업 대신 창업을 선택한 것이다. 언니는 내게도 창업을 권유했다. 취업 시기를 놓치면 더 이상 용기도 나지 않는다며 마음 편하게 장사를 하는 것이 좋다는 이유에서였다.

언니가 재취업의 시기를 놓친 이유가 무엇일까? 많은 경단녀들과 비슷한 이유다. 일하는 여성들을 보면 자신도 일하고 싶다는 욕구가 생기지만, 막상 행동으로 옮기지는 않는 것이다. 스스로 돈을 벌어 쓰고 싶지만, 어떤 식으로 돈을 벌지는 생각하지 않는다.

나도 마찬가지였다. 남편이 출장이 잦아서 내가 일을 하면 아이를 돌봐줄 사람이 없다는 핑계를 대기도 했다. 나는 육아가 우선인 현명한 엄마라고 스스로를 위로했다. 억지로 내가 일하지 못하는 이유를 만들어 낸 것이다.

그렇다면 도대체 언제 일을 할 수 있단 말인가? 완벽한 상황이 오기는 하는 걸까? 완벽한 상황이란 무엇을 말하는 걸까? 워킹맘이나 경단녀나 개개인의 상황은 다르지만 평등하게 주어진 것은 시간인데, 나는 도대체 무엇 때문에 결정을 내리지 못하는지 한없이 작아지기만 했다. 오랫동안의 경력 단절로 인해 이력서에 적을 내용도, 뚜렷한 스펙도 없으니 나는 가진 게 아무것도 없다는 생각이 들었다. 모두에게 평등하게 주어진 시간조차 활용하지 못한다면 기회를 놓치는 것과 같다. 민영 언니의 말처럼 취업 시기를 놓치고 매일 같은 일상을 반복만 하고 있을 수는 없었다.

시간을 소중하게 생각한다면 내 인생을 선택할 기회를 나에게 주어야 한다. 나는 이 모든 것을 머리로는 알겠는데, 도무지 언제 시작해야 할지 감을 못 잡았다. 결혼할 시기를 놓쳐 결혼을 못하는 지인들처럼 나도 재취업의 시기를 놓치게 되는 것은 아닐까? 재취업을 원하지만 언제 해야 할지 모르겠다는 이유로, 첫째 아이가 네 살이 될 때까지 경단녀, 독박육아, 전업주부라는 이름으로 살았다.

둘째 아이를 출산하고 얼마 지나지 않아 화장품을 선물 받았다. ㈜제이앤코슈의 닥터펩티라는 화장품이었다. 뷰티업종에 있었던 나는 제품을 사용해 보고 단번에 품질이 좋음을 알 수 있었다. 그때 내 안의 무언가 꿈틀거렸다. 출산 후 100일이 지나지 않아 회사와 미팅 날짜를 잡고 방문하기로 했다.

외출 준비를 하는 동안 설렘으로 가득 찼다. 화장을 하고 옷을 고르면서 두근거렸다. 다시 일을 시작해 볼 수 있다는 기대가 있었지만, 막 태어난 갓난쟁이가 눈에 밟히기도 했다. 그래도 나는 외출을 강행했다. 그날의 외출을 나는 아직도 또렷이 기억한다. 출산한 지 얼마 되지 않아 아직은 초췌한 모습을 화장과 예쁜 옷으로 가리고 아이 엄마가 아니라 오로지 나 자신으로 발걸음을 뗐다. 만약 그날 행동하지 않았다면 지금의 내가 있을까? 아이가 어리기에 조금 더 크면 생각해 보겠다고 했다면, 나는 그 기회를 놓쳤을 것이다.

골든타임을 아는가? 환자가 생사의 갈림길에 놓였을 때 생명을 결정짓는 중요한 시간이다. 그날의 선택이 나에게는 골든타임이었다. 환자를 구조하기 위해 골든타임 안에 구조대는 온 힘을 다해 움직인다. 나의 골든타임에는 누가 구조해 줄 것인가. 바로 나 자신이다. 나에게 생명을 불어넣어 인생의 골든타임을 놓치면 안 된다. 이전과 같은 삶을 사느냐, 아니면 새 생명을 가지고 다른 삶을 살 것이냐의 문제다.

나는 이 순간을 놓치면 평생 후회할 것 같다는 생각이 들었다. 일을 시작하느냐의 문제가 아니었다. 내 인생에 변화를 줄 수 있는데 나를 둘러싼 환경 때문에 미룰 것인지, 아니면 바로 도전할 것인지의 문제였다.

그저 좋은 화장품 하나 찾았다고 생각하고 넘기지 않았다. 기회라고 생각한 것이다. 그리고 기회가 주어졌을 때 바로 행동했다. 그 도전으로 인해 내 인생에 엄청난 변화가 있을 것이라곤 상상도 하지 못했을 뿐더러 또 다른 황금 같은 기회가 숨어 있다는 것을 알지 못했다.

첫째 아이를 출산 후 4년 동안 나는 경단녀로 지냈고, 둘째 아이를 출산 후 4개월이 지나 워킹맘의 인생을 살기 시작했다. 첫째를 키울 때도 둘째를 키울 때도 나로 살아가고 있던 것은 마찬가지지만 이제는 다른 인생을 살아가고 다른 미래를 준비하고 있다. 그 사이 나는 시간이 얼마나 소중한지 깨닫게 되었다. 물론 첫째 아이를 키울 때도 시간의 소중함을 알고 있었다. 아이가 성장해 가는 모습을 보며 행복을 느꼈고, 아이를 위해 사는 인생도 나쁘지 않다고 생각했다. 하지만 그것은 날 위한 선택이 아니었다. 아이를 위한 선택이었기에 공허함이 밀려왔다. 계속 이렇게 아이를 핑계 삼아 변하지 않는 인생을 살 것만 같았다.

지금 나는 크게 변화한 인생을 살아가고 있다. 그 변화에 아이는 어떠한 걸림돌도 되지 않았다. 경단녀든 워킹맘이든 고충은 있게 마련이다. 경단녀의 삶에서 나는 선택장애를 겪고 있었다. 언제 어떻게 시작해야 하는지도 몰랐고, 내 인생에 기회를 준 적도 없었다. 타이밍을 놓쳐 사는 대로 생각하고 행동하는, 그저 그런 삶을 살고 있었다.

골든타임의 또 다른 의미를 아는가? 방송계에서 시청률이 가장 치솟는 시간대를 말한다. 내 인생에서 가장 빛나는 시간은 언제인지 생각해 봤다. 한때 잘나가던 내 모습을 생각하며 추억에 젖어만 사는 인생이 되고 싶지는 않다. 재취업에도 골든타임이 있다. 나의 인생이 바뀐 것과 마찬가지로 재취업은 당신에게 미래를 제시할 것이다. 그리고 인생에서 가장 빛나는 순간들을 준비하게 된다. 재취업의 골든타임은 바로 '지금'이라는 것을 명심하길 바란다. 골든타임 안에 선택한 당신의 앞에 수많은 기회들이 기다리고 있을 것이다.

02

지금의 도전이
인생 2막을 만든다

'재능'은 타고난다. 하지만 평생 자신의 재능을 모르고 사는 사람들이 대부분이다.
지금 당장 도전해 보면 알 수 있다.

• 노자

막 재취업에 성공했을 무렵, 나는 오랜 경력 단절로 인해 사회생활에 대한 감이 떨어져 있는 상태였다. 어떻게 해야 다시 감을 찾을 수 있을까 고민했다. 나는 우선 롤 모델을 찾기로 했다. 롤 모델의 말에 귀를 기울이고 행동을 따라 하며 조금 더 수월하게 목표 지점에 도달할 수 있는 방법들을 끊임없이 연구했다. 그들은 무엇을 해서 목표 매출을 달성했고, 어떤 계획을 세웠는지 관찰하고 나에게 접목했다.

사무실을 오픈하면서 제일 큰 난관은 아직 카운슬러가 확보되지 않았다는 것이었다. 일반 로드숍 정도면 구인광고를 내 사람을 구하고 월급을 주면 되지만 방문판매회사의 시스템은 개개인의 사업으로 인정하는 것이기에 월급이 별도로 있지 않았다.

나는 나보다 먼저 같은 길을 간 센터에서 도움을 많이 받았다. 한 명이라도 방문했을 때 교육을 진행해야 하며, 고객이 카운슬러가 될 수 있는 방법들을 계속 연구해야 한다는 것 등을 배워 나갔다. 고객이 카운슬러가 될 수 있는 방법은 제품을 사용하고 효과를 봐야 하며 효과 본 제품이 소득까지 될 수 있는 비전을 제시해야 한다.

고객은 오랜 시간을 나에게 투자하지 않는다. 그래서 나는 자주 보는 것이 방법이라고 생각했다. 처음부터 제품을 팔지 않고 피드백을 하며 제품에 대해 효과를 볼 수 있는 방법들을 개개인에 맞춰 소통해 나가기 시작했다. 결과는 성공적이었다.

이때 알게 된 고객은 5년 동안 육아에 전념하던 경단녀였다. 마침 일을 시작해 보고 싶었으나 무슨 일을 해야 할지 결정을 내리지 못하고 있는 상태였다. 그런 시기에 나와 인연이 된 것이다. 자신을 경단녀라는 울타리에 가두지 않고, 그녀 역시 새로운 일에 도전했다. 다른 일을 기다리지 않고 바로 도전한 것이다. 그리고 많이 부족한 나였지만, 같이 시작한다는 생각으로 내 경험과 노하우를 알려 주었고 그녀는 그대로 일에 접목했다.

빛나던 20대를 보내고 결혼과 출산을 하면서 경단녀가 된 자신의 모습을 보면 왠지 모르게 위축된다. 불확실한 미래에 불안하기만 하다. 나 역시 그러했다. 하지만 더 이상 미루지 않고 새로운 일에 도전하면서 이전과는 다른 삶을 설계했다.

누구에게나 시간은 평등하게 주어지지만, 그 시간에 어떤 미래를 꿈꾸며 행동하는지에 따라 미래는 분명히 다른 방향으로 흘러간다. 재취업을 위해 어떤 도전을 해야 할지 모른다면, 먼저 취업한 사람들을 분석해 보는 것도 좋은 방법이다. 많은 시행착오를 줄이고 취업의 문을 조금은 더 빨리 열 수 있을 것이다. 나보다 먼저 그 길을 간 사람의 스토리를 알아본다는 것 자체가 도전이다. 그 도전이 인생의 새로운 방향을 잡아주기도 한다.

나는 재취업을 준비하면서 친구 재희와 경미에게 같이 일해 보자고 권유했다. 두 친구 역시 일거리를 찾고 있었다. 이런저런 구인광고를 보며 현실에 맞는 일자리를 찾고 있었지만, 막상 이력서를 넣거나 하지는 않았다. 그런 친구들에게 시간을 활용하면서 일할 수 있는 세일즈 업무를 같이 해 보자고 한 것이다. 친구들은 나의 이야기를 듣고 일하기 수월할 것 같다며 도전해 보기로 했다. 용돈벌이로 조금씩 시작하기에 부담이 없을 것 같다고 했다.

경미는 여태 해 보지 않은 새로운 일이라 두려움이 앞선다고 했다. 나는 두려움을 극복하려면 실천하는 것이 제일 좋은 방법이라고 했고, 경미는 알겠다며 도전하기로 했다. 반면 재희는 말로만 공감하고 주부로서 일하기 좋은 환경이라고만 할 뿐 어떤 행동도 하지 않았다.

경미는 나와 새로운 곳을 개척하며 일을 시작했지만 결국 자신과는 맞지 않는다고 판단을 내렸다. 하지만 일을 하며 무언가 만드는 재미를 알게 된 경미는 POP 제작 업무를 배워 그 일을 하며 만족을 느끼고 있다. 재희는 아직도 경단녀의 길을 걸으며 육아에 대한 어려움을 이야기하고 있다.

재취업은 누군가에게는 성공이지만 누군가에게는 실패일 수도 있다. 하지만 실패가 두려워 도전조차 하지 않는다면 미래는 절대 변하지 않을 것이다. 실패가 아닌 재취업의 성공으로 가는 과정이라고 생각해야 한다. 두려웠지만 도전한 경미는 그 자체만으로도 칭찬받아 마땅하다. 처음부터 잘할 수는 없다. 실패를 거울삼아 경험과 노하우를 쌓는다면 오롯이 내 것이 되어 또 다른 미래를 꿈꿀 수 있다. 당신의 앞에는 아직 많은 도전이 남아 있다.

나는 재취업을 발판삼아 다른 길을 가고 있다. 재취업을 통해 내가 좋아하는 일을 찾았고 보람을 느끼는 일을 발견했다. 경단녀에서 벗어났다고 멈추지 않고 나는 또 다른 꿈을 위해 도전을 선택했다. 이 역시도 지금 하지 않으면 다시는 기회가 오지 않을 것 같았다. 만약 내가 재취업에 도전하지 않았다면 또 다른 꿈을 찾는 기회도 오지 않았을 것이다.

도전으로 많은 변화가 생겼다. 그 변화는 나에게만 온 것이 아니다. 가족에게도 큰 영향을 끼쳤다. 내 인생을 변화시키기 위해

한 행동 하나가 어떤 기회를 만들어 낼지는 아무도 짐작할 수 없다. 확실한 것은 도전하고 행동한 자에게만 기회가 주어진다는 것이다.

도전은 평생 함께할 친구다. 삶의 매 순간이 도전이다. 그것을 미룬다면 기회는 다른 이에게 가게 되며, 미래를 개척하지 못하고 뒤처지게 된다. 이 모든 것을 깨닫기까지 수많은 시행착오와 장애물들이 있었지만, 나는 아직도 모든 일에 도전하고 있다. 그 도전이 나의 세상을 만들어 나간다는 것을 믿기 때문이다. 재취업에 대한 생각이 있다면 무엇이든 도전해 보자. 책을 읽고 있는 지금 순간도 도전이고, 시간을 낭비하지 않는 것도 도전이다. 그러한 시간 안에 번뜩이는 아이디어로 인생 2막을 준비할 새로운 기회가 열릴 수도 있다.

시간을 낭비하며 다람쥐 쳇바퀴 돌듯이 혼자 경단녀라는 울타리 안에 갇혀 있지 않기를 바란다. 다른 이들은 자신만의 도전으로 새로운 삶을 살고 있다. 그들은 또 다른 삶을 위해 끊임없이 발전하며 무엇인가에 도전하고 미래를 준비해 나가고 있다. 그들을 부러워하기만 할 것인가? 당신은 어떤 삶을 살고 싶은가? 도전하지 않고는 어떤 일도 할 수 없다. 재취업을 원한다면 무엇이든 도전하는 것을 두려워하지 않길 바란다.

비록 자신의 의지로 경단녀가 된 것은 아닐지라도 처한 상황만을 탓하고 도전하지 않아 준비되지 않은 미래를 맞이한다면 그것은 당신의 선택이다. 나도 생계를 유지하는 것만으로 지쳐 꿈은 생각도 못하던 때가 있었다. 하지만 도전하는 기쁨을 알게 되었고, 그로 인해 꿈이 생겼으며, 그것을 이루는 과정에서 더 큰 목표를 세우게 되었다. 경력 단절에서 벗어나 빛나는 인생을 살고 싶다면 010.4193.3040으로 연락하길 바란다. 공감을 바탕으로 자세한 상담을 통해 당신 안의 도전의식을 끌어내 주겠다. 나와 같이 지금 바로 행동해서 인생 2막을 만들어 보자.

03

미래를 바꾸고 싶다면
행동하라

꿈꾸고 행동하면 그게 나의 미래다.
· 권영찬

어린 시절, 나는 부자가 되고 싶었다. 매일 부모님이 다투는 모습을 지켜봐야 했고, 가난에 허덕이며 살고 있는 나는 피해자라고 생각했다. 나는 매일 상상의 나래를 펼쳤다. 학교가 끝나고 나오면 정문 앞에 멋진 자동차가 날 기다리고 있다. 나를 잃어버렸던 친부모님이 나를 찾아낸 것이다. 그리고 친부모님은 부자였다. 하지만 이내 현실로 돌아올 수밖에 없었다. 나는 부모님과 너무도 닮았기 때문이었다.

당신은 인생을 바꿔 보고 싶다는 생각을 한 적이 있는가? 그 이유는 무엇인가? 나는 대부분 경제적인 문제 때문일 것이라고 생각한다. 지금보다 더 풍요로워지고 싶고, 더 좋은 옷을 입고, 더 맛있는 음식을 실컷 먹고 싶을 것이다. 이 모든 것들이 그저 바라기만 한다고 이루어질 것 같은가? 마법이 일어나지 않는 이상 불가능하다.

그렇다면 내가 마법을 부려 보는 것은 어떨까? 내가 좋아하는 일을 해서 스스로 경제적인 자유를 얻는 미래를 만들어 나가는 것이다.

재취업으로 내 인생에 마법이 일어났다고 할 만큼 큰 변화들이 있었다. 나는 평범한 경단녀였다. 일은 하고 싶지만 하지 않고, 사고 싶은 것은 많지만 아껴 쓰고, 대출금 이자를 따져가며 생활하던 평범한 아줌마였다. 그런 내가 지금은 작가의 삶을 살아가고 있다. 얼마 전까지만 해도 내가 이런 삶을 살아갈 것이라고는 생각조차 하지 못했다.

내가 한 것이라곤 할 수 있는 모든 방법을 동원해 기회를 놓치지 않은 것뿐이다. 그때 우리 가족은 보금자리를 잃을 수도 있는 상황이었기에 남편의 벌이만을 믿고 있을 수는 없었다. 무조건 일을 해야 했다. 하지만 난 8년 동안 경력 단절이었고 임신 중이기까지 했다. 일을 해야 하는 상황이란 것은 알고 있었지만 두렵기만 했다.

출산 후 우연히 받게 된 화장품 선물이 나에게 있어서는 기회였다. 나는 그것을 그냥 지나치지 않았다. 이렇게 좋은 품질의 화장품을 만드는 회사라면 일할 만하겠다는 생각이 들었고, 합격하지 않더라도 잠깐의 외출을 즐기자는 심정으로 면접을 봤다.

회사와의 긍정적인 미팅 후, 나는 지금 하지 않으면 앞으로는 기회조차 잡을 수 없을지도 모른다는 생각이 들었다. 비전 있고 좋은 회사였기에 꼭 함께하고 싶었다. 하지만 경험도 없고, 무엇보다 아이가 너무 어린 것이 마음에 걸렸다. 방문판매 일이니 부업으로 쉬엄쉬엄 해 볼까 하는 생각도 했다. 그래도 나중에 후회하지 않기 위해 나는 일단 부딪쳐 보기로 했다. 이렇게 시작한 일로 나는 일반 카운슬러에서 한 지역의 특약점 점장까지 올랐다. 모든 것은 기회를 놓치지 않고 행동했기에 가능한 일이었다.

나는 가만히 앉아서 '내가 할 수 있을까, 내 사정이 이런데 가능할까'라고 고민만 하지 않고 행동했다. 내가 돈이 많아서, 인맥이 넓어서 사업을 유지할 수 있던 것이 아니다. 내게 주어진 상황에서 해결할 수 있는 방법들을 생각하고 시간을 흘려보내지 않았기에 해낸 것이다. 그리고 그것들이 쌓이고 쌓여 나를 발전시켰다. 나는 재취업을 하고 새로운 사람들을 만나며 다른 넓은 세상을 알게 되었다. 그리고 작가가 되었다. 할 수 있는 것들을 했을 뿐인데, 마법 같은 일이 벌어졌다.

나의 미래를 바꿀 수 있는 것은 다른 누구도 아닌 바로 나다. 물론 두려울 것이다. 내가 선택한 모든 것들이 성공적이지는 않았다. 실패도 있었고, 장애물도 있었으며, 모든 사람이 나 같지 않다는 것도 배우게 되었다. 앞으로도 많은 것을 배우게 될 것이다. 지금도 나는 평범하다. 성공한 모든 사람들 역시 평범함에서 시작했다고 생각한다.

　나는 항상 성공을 꿈꾼다. 경단녀에서 벗어나 능력 있는 여성이 되어 경제적으로 안정된 삶을 살고 싶다. 그러기 위해 나는 지금도 달린다. 현실에 만족하지 않고 더 나은 미래를 꿈꾸고 있는 경단녀라면, 무엇이든 부딪쳐 보기 바란다. 두려움도 맞서야 극복할 수 있다. 모든 것에는 시간과 행동이 투자되어야 한다. 로또 당첨을 원한다면 로또를 구매해야 하는 것처럼.

　지금 내가 행하는 모든 것들이 나의 미래를 결정짓는다. 재취업으로 인해 변한 일상들이 지금의 나를 만든 것을 보면 알 수 있다. 그렇다면 우리는 지금 무엇을 해야 할까? 당신이 지금 하는 것들로 미래가 변한다고 생각해 보자. 하루에 흘려보내는 시간은 얼마인지 생각해 보면 미래에 흘려보낼 시간 또한 알 수 있다. 그렇다면 이 책을 읽고 있는 당신은 무엇을 해야 할까?

　자신의 인생이 바뀔 수도 있는 시간에 행동할 수 있는 것들이 과연 무엇일지 곰곰이 생각해 보길 바란다. 생각나는 것들이나 하고 싶은 것들이 있으면 조금의 고민도 없이 움직여 보라. 그 작은 행동으로 미래가 바뀐다.

　고등학생 때부터 단짝이었던 친구가 남편의 해외 발령으로 인해 한국생활을 모두 접고 해외에 거주하게 되었다. 친구는 아는 사람 하나 없는 그곳에서 남편과 아이들에게 의지해 지낼 수밖에 없었다. 그러던 어느 날 그 친구에게 연락이 왔다. 자신이 마스크팩을 개발했다는 것이었다. 화장품과는 거리가 먼 친구였기에 더욱 놀랐다. 마케팅을 전공한 친구가 한국도 아닌 해외에서 뜬금없이 마스크팩을 개발해 회사를 설립했다니. 친구는 회사 설립 과정을 들려주었다. 자신과 같은 처지의 뜻이 맞는 여성들과 대화를 하던 도중 상품을 기획했다는 것이다. 그리고 제품을 만들기 위해 정말 많은 노력과 시간을 쏟아 부었다고 한다. 평범했던 여자 4명이 일을 추진한 것이다. 이 친구는 바로 '마이 스킨 시크릿'의 정선애 대표다. 그녀들의 사업은 번창해 해외에서도 인정받고 있다. 경력 단절 여성이었던 이들은 도전과 열정으로 스스로 인생을 변화시켰다.

당신도 자신 안에 있는 본능을 깨워 보길 바란다. 당신 자체가 기적이며 마법을 일으킬 수 있는 사람이다. 꿈을 이룰 수 있는 취업을 하기 위해 해야 할 것들을 정리해 보자. 지금 나의 모습이 미래의 나를 결정짓는다는 것을 명심하라. 기적은 당신 안에서 일어난다.

04

남편과 자녀에게
올인하지 마라

그 여자가 인생에서 배운 가장 중요한 교훈은 완벽한 어머니의 길은 존재하지 않지만
좋은 어머니가 되는 길은 수없이 많다는 것이었다.

· 질 처칠

신혼의 즐거움과 출산의 기쁨은 그리 오래가지 않았다. 육아 우울증이 찾아옴과 동시에 남편이 그것을 해결해 줄 수 없다는 사실을 깨달았다. 나는 결혼을 하고 아이를 낳으면 행복할 줄 알았다. 하지만 결혼은 현실이었다.

친구 은영이는 남편에게 한 달에 200만 원씩 용돈을 받아 생활했다. 그녀는 주변의 부러움을 샀지만 정작 자신은 만족하지 못했다. 자신이 직접 일을 해서 돈을 벌어 쓰는 게 속 편하다는 말을 자주 했다. 남편이 모든 경제적 책임을 지고 있었지만, 그만큼 시댁에서 심하게 간섭을 해와 정신적인 고통이 크다고 했다. 혼자만의 시간은 거의 없고, 가까이 살고 있는 시댁에서 부르면 바로 달려가야 한다고 했다. 살림살이와 육아 문제까지 죄다 간섭해 오는 통에

숨통이 조여 남편에게 도움을 요청하기도 했지만 소용없었다.

나는 그녀와는 다른 상황이지만 어느 정도 그 마음을 헤아릴 수 있었다. 나도 8년 동안 남편의 외벌이로 살아오면서 나도 모르게 남편에게 모든 것을 맞췄다. 남편은 퇴근하고 집으로 돌아왔을 때 따뜻한 밥을 지어 자신을 맞이하는 아내를 원했다. 출산하기 전까지는 그런 삶이 어렵지 않았다. 가끔 여행도 하면서 인생을 즐길 수 있는 형편이었다. 하지만 아이가 태어나면서부터 변화가 시작되었다. 지출이 눈에 띄게 늘어남과 동시에 나의 체력도 눈에 띄게 약해졌다.

출산을 하고 제대로 몸조리를 하려면 경제적으로 어느 정도 여유가 있어야 한다. 대부분의 여성들은 출산 후 산후조리원에서 2주 정도 보내고 집으로 돌아와 산후도우미가 2주 정도 도와준다. 하지만 고작 한 달간의 산후조리로는 몸을 완벽하게 회복하기 어렵고, 육아까지 더해진다면 더욱 고되다. 아픈 몸을 이끌고 집안 살림을 하고 아이까지 돌보는데, 퇴근한 남편을 따뜻하게 맞아 줄 수 있을까?

나 역시 마찬가지였다. 혼자서 살림과 육아를 도맡아 하느라 지쳤지만 출근하는 남편에게 하소연할 수도 없는 노릇이었다. 그때 남편이 내 인생을 대신 살아 주지 않음을 깨달았다.

가끔 TV에서 여자 연예인들의 행복한 결혼생활을 볼 수 있다. 출산했음에도 불구하고 변함없는 미모를 자랑하는 그녀들은 화려하게 꾸미고 호화로운 삶을 즐긴다. 그런 모습을 마냥 부러워만 하는 것이 과연 옳은 일일까? 그녀들은 연예인이라는 '직업'을 가지고 있다. 집에서 남편만 바라보며 살지 않는다. 자신의 가치를 높이고 투자하며 보이지 않는 노력들을 하고 있다. 출산 후 집에서 쉬다가 동료 연예인들이 TV에 나와 일을 하는 모습을 보고 자신도 일하고 싶어서 예정보다 빨리 복귀했다는 연예인들도 많다. 나는 그녀들이 현명한 선택을 했다고 생각한다.

첫째 아이를 낳고 전업주부로 4년을 지내는 동안 내가 해야 할 역할은 늘어만 가는데 몸은 하나라 지쳐만 갔다. 게다가 남편의 외벌이로 살림을 꾸려야 하는데 아이가 있으니 소비가 늘어날 수밖에 없어 더욱 힘들었다. 게다가 둘째를 임신했을 때는 조산기로 두 달간 입원하게 되었다. 건강 문제로 일을 쉬고 계시던 엄마가 첫째를 돌봐주기로 하셨다. 나는 병원에 있는 내내 엄마에 대한 죄송함과 아이에 대한 걱정으로 시간을 보냈다.

한 달 정도 지났을 무렵, 전화가 왔다. 엄마가 아이를 어린이집에 등원시킨 뒤 쓰러지셨다는 소식이었다. 하지만 나는 아무것도 할 수가 없었다. 조산기 때문에 움직이면 위험했고, 남편도 멀리 출장을 가 있었다. 지인에게 전화를 걸어 엄마가 계신 병원으로 가달라고 하는 게 내가 할 수 있는 전부였다. 내가 입원해 있는 병실에는 출산을 기다리고 있는 산모들과 출산을 마치고 몸을 회복 중인 산모들이 있었기에 소리 내어 울 수도 없었다. 힘든 몸을 겨우 이끌고 복도로 나가 소리 없는 통곡을 할 뿐이었다.

내가 막 결혼했을 때, 엄마는 우리 남매 다 시집, 장가보내 놓고 나면 본인 인생을 살고 싶다고 하셨다. 여행도 다니고 운동도 하면서 인생을 즐기고 싶다고 하셨다. 그런데 이제는 손자를 돌보게 되신 것이다. 자식을 위해 그 자식에게까지 희생하다가 건강을 잃은 엄마를 보며 너무 죄송했다. 엄마는 나를 위해 모든 것을 희생하고 계신데, 나는 해 드릴 수 있는 게 가끔 드리는 용돈과 잘 살고 있는 모습을 보여드리는 것밖에 없다는 것이 속상했다.

하지만 문득 그런 생각이 들었다. 첫째를 키우는 동안 나는 4년을 꼬박 엄마로만 지냈다. 자식의 교육을 위해 엄마로만 살기로 선택하면서 나는 경력 단절의 길로 들어섰다. 내가 선택한 것이다. 어린 아들이 나에게 선택하라고 강요한 것이 아니다.

엄마 또한 마찬가지셨다. 내가 나를 위해 엄마의 모든 것을 희생해 달라고 한 적은 없다. 엄마가 우리 남매를 풍족하게 키우고 싶어서 선택한 삶이었다. 그런데 우리에게 본인의 희생에 대해 이야기하시며 고생이 끝이 나지 않는다고 말씀하실 필요는 없다는 생각이 들었다. 물론 엄마의 인생이 참 고달프다는 생각은 했다. 하지만 내가 엄마의 인생을 대신 살아드릴 수는 없지 않은가. 그저 죄송할 따름이다.

하지만 나는 엄마는 스스로 그런 인생을 선택한 것이라고 하면서도 내 아이에겐 희생하고 있다는 생각을 했다. 이 얼마나 아이러

니한가. 내 아이도 크면 나와 같은 생각을 하지 않을까? 아이가 커서 자신의 꿈을 위해 독립할 시기가 오면 나는 어떤 이야기를 해 줄 수 있을 것인가. 엄마처럼 살지 말고 꿈을 이루라고 할 것인가, 엄마와 같이 꿈을 이루며 살라고 할 것인가?

조산기로 병원에 입원해 있는 동안 나는 많은 것을 느끼고 깨달았다. 내가 경제적인 능력이 된다면 엄마의 도움이 필요했을까? 엄마의 희생에도 불구하고 자녀는 그것이 엄마의 인생이라고 생각한다. 고마움은 별개의 문제다. 다시는 이런 상황에 빠지지 않기 위해 나는 능력을 키워야겠다고 생각했다.

누구도 다른 사람의 인생을 대신 살아 줄 수 없다. 가정을 위해 희생하고 있는 내 모습은 그들의 시선에서는 각자의 인생을 살고 있는 것뿐이다. 재취업을 원하는 경단녀들이 남편과 자녀에게 올인하면 안 되는 이유이기도 하다.

05

배우자의 수입에
의존하지 마라

인간이 이 세상에 존재하는 것은 부자가 되기 위함이 아니라 행복하게 살기 위해서다.
· 스탕달

신데렐라 콤플렉스를 아는가? 네이버 백과사전에 의하면 '자신의 배경과 능력으로는 사회적으로 높은 위치에 설 수 없을 때 여성이 자신의 인생을 180도 바꿔 줄 왕자님에게 보호받고 의존하고 싶어 하는 심리'를 말한다. 나도 한때는 신데렐라를 꿈꿨지만 남편은 왕자님이 아니었다.

여성이라면 누구나 한 번쯤은 생각해 보지 않을까? 내 인생을 바꿔줄 수 있는 남자가 나타나기를, 정확히 말하자면 돈 많은 남자와 결혼해서 돈 걱정 없이 살고 싶은 모습을 말이다. 하지만 현실에선 그런 왕자님을 찾아볼 수 없다. 그리고 자신 또한 신데렐라가 아니다. 동화 속의 신데렐라는 모진 구박 속에서도 꿋꿋이 자신의 일을 하며 꿈을 꾸는 여성이다. 그녀의 캐릭터는 결혼 후에도 변하지 않을 것이다. 만약 내가 신데렐라 같은 상황이었다면 그것들을 견뎌낼 수 있었을까? 왕자님을 기다리면 안 된다는 것을 현실로 인정해야 한다.

첫째 아이를 출산하고 넉넉하진 않았지만, 하고 싶은 것 좀 줄여가며 살아가다 보니 그럭저럭 살아갔다. 정부 지원으로 아이 기저귀 정도는 해결할 수 있었고, 분유 대신 모유를 먹였다. 내 손바닥보다 조금 더 큰 천 쪼가리인 아이 옷은 왜 그리도 비싼지, 그냥 물려받는 게 속 편하다고 합리화시켰다. 욕심만 버리면 사는 데는 큰 문제가 없었다. 일을 포기하고 아이를 보며 돈을 아껴 쓰는 착한 아내, 며느리, 엄마의 역할을 하며 살았다.

일을 시작하고 알게 된 고객 민선 씨는 화장품을 구매하고 싶었으나 경제권을 남편이 쥐고 있어 망설이고 있었다. 남편과 상의해 보고 결정해야 할 것 같다고 했다. 그녀의 마음이 이해되었다. 나 역시도 마찬가지였기 때문이다. 나에게 사용하는 그 무엇이든 남편에게 허락 아닌 허락을 받아야 미안한 마음이 줄어들었다.

그녀는 얼마 지나지 않아 제품을 구매했고 또 다시 제품 구매 연락이 왔다. 하지만 얼굴에 불만이 가득했다. 얼마 뒤면 시어머니 생신이라 선물로 용돈과 화장품을 드리려고 했다고 한다. 그녀는 자신이 쓰는 제품인데 좋은 것이니 어머니도 한번 써 보시라며 선물로 드리기로 했는데 시어머니의 반응이 이상했다. 아들이 열심히 번 돈을 며느리 얼굴에 사용한다고 생각하니 그다지 달갑지 않으셨던 모양이다. 집에만 있는데 굳이 화장품이 필요하냐는 이야기로 시작해, 퇴근해서 집에 온 남편이 편히 쉴 수 있는 분위기를 만들어야 한다는 이야기들로 온갖 구박을 받았다고 했다.

시대가 많이 바뀌었다고는 하지만, 모든 이들에게 해당되는 것은 아닌 듯하다. 왜 돈은 남자만 벌고 여자는 집에서 쉬는 것이라고 생각할까? 외벌이로 생활해야 하는 이유는 다양하지만 아내들은 결코 집에서 편하게 쉬는 것이 아니다. 민선 씨는 결국 다양한 부업으로 맞벌이를 시작했고, 시어머니는 이제야 할 일을 한다며 고부 갈등이 줄어들었다고 한다.

결혼이 현실이라는 이야기는 경제적인 부분을 포함한다. 행복한 상상으로 시작하지만 현실 앞에 많은 것이 무너지기도 한다. 평범한 월급쟁이의 외벌이로도 생활을 유지할 수는 있겠지만, 미래를 위한 투자는 사치가 될 수도 있다. 그저 상황에 맞춰 살게 된다.

남편은 결혼 후 8년 동안 외벌이를 하며 우리 가족의 생계를 꾸려왔다. 특별히 나를 힘들게 하지는 않았지만, 나는 항상 남편이 힘들게 벌어오는 돈이니 더 아껴야 한다는 생각을 했다. 살림을 잘하고 싶었고 재테크도 잘하고 싶었다. 내가 집에서 놀고 있던 것도 아니고 집안일과 육아를 하느라 정신없었지만, 그것이 월급처럼 차곡차곡 돌아오는 것이 아니었기 때문에 경제적인 도움을 주고 싶었다.

생활비를 분명히 아껴서 사용하지만, 생각지 못한 목돈이 들어가게 되면서 마이너스 대출까지 사용하게 되었다. 매스컴이나 주변 사람들을 보면 아내가 재테크에 성공해서 부동산 부자가 되고, 집에 여자가 잘 들어와 금방 자리 잡았다는 이야기에 나는 한없이 초라해졌다. 그렇게 8년이라는 시간 동안 나는 경단녀로, 남편은 외벌이로 자신의 자리를 지키고 있었다.

내가 다시 일을 시작하면서 많은 변화들이 찾아 왔다. 워킹맘을 선택하면서 남편은 육아휴직을 선택했다. 정부의 발표나 매스컴에서 보도되는 것과는 다르게 육아휴직 수당의 혜택이 그리 크지는 않다는 것을 알게 되었다. 오로지 내가 일한 소득으로 생활을 꾸려나가야 하는 상황이었다. 일에 대한 부담이 클 수도 있는 상황이었지만 난 누구보다 만족했다. 남편의 수입에 의존하지 않자 자존감이 상승하는 것을 느꼈다. 온전히 내가 벌어들인 소득을 사용하는 희열은 경단녀로서 살았던 8년간의 시간들을 보상받는 기분이었다.

수입이 남편보다 좋아서 육아휴직을 선택한 것도 아니고, 내 능력이 탁월해서 가장이 된 것도 아니다. 하지만 확실한 것은 내가 일을 시작하고 집안 분위기가 현저히 바뀌었다는 것이다. 누군가에게 의존하는 삶이 아닌 주체적으로 사는 인생에 대한 만족감은 굉장히 컸다.

반대로 남편은 많은 감정 변화를 겪어야만 했다. 내가 육아와 집안일을 하며 느꼈던 것들을 남편이 겪게 된 것이다. 이렇듯 사회 활동과 수입의 의존도에 따라 사람의 성향 또한 변한다는 것을 알게 되었다. 나의 수입에 의존해야 하는 상황에서 남편은 생활에 생각보다 많은 비용이 지출된다는 사실을 깨닫기 시작했다.

육아휴직을 하고 첫 달, 남편은 나에게 월 30만 원이면 생활할 수 있다고 큰소리를 쳤다. 하루에 1만 원씩 반찬과 식재료를 산다면 30만 원이라는 결론이 나왔다는 것이다. 남편에게 가계부를 쥐어 주고 잘 판단해서 결정하라고 했다. 그렇게 첫 달, 남편은 매일같이 고기를 사다 요리했다. 밥상은 항상 푸짐했다. 다양한 반찬들에 나보다 요리를 더 잘한다며 칭찬해 주었지만, 나는 알고 있었다. 앞으로 나올 카드 값과 오버될 생활비를 말이다.

아니나 다를까, 일주일도 지나지 않아 남편은 생각과는 다른 현실을 알게 되었다. 아이들에게 필요한 용품들을 사고 생각지도 않았던 유지비들을 내게 되면서 식탁에 올라오는 반찬들은 줄어들기 시작했다. 그리고 내가 했던 것과 마찬가지로 자신을 위한 것들은 아끼며 돈에 대한 개념이 더욱 명확해지기 시작했다.

외벌이는 남자나 여자나 모두 같은 상황을 만들어 낸다. 월급쟁이로 받는 소득은 일정한데 가족이 늘어나거나 목돈이 들어가게 되면 그 손실은 크게 다가올 수밖에 없는 게 현실이다. 신데렐라처럼 돈이 많은 왕자님을 만나거나 모진 구박을 버텨내서 인생을 개척할 용기가 필요한 것이다.

남편은 아직 육아휴직 중이라 지금도 나 혼자 돈을 벌고 있다. 남편보다 버는 돈은 적지만 나는 이전의 삶으로 돌아가고 싶지 않다. 이는 남편도 마찬가지다. 육아보다 일이 더욱 쉽다며 일의 즐거움을 다시 되찾고 싶어 한다.

배우자 수입에 서로 의존하지 않는다면 부부의 자존감은 단단해지며 만족하는 삶을 살게 될 것이다. 성별 구분 없이 한쪽으로 치우쳐진 수입은 어느 누군가 자신을 희생하고 있다는 이야기다. 남편의 수입에 의존해서 자신을 포기하는 일은 없길 바란다.

06

아이 때문에
포기하지 마라

자신이 해야 할 일을 결정하는 사람은 세상에서 단 한 사람, 오직 나 자신뿐이다.
· 오손 웰스

내 아이를 행복하게 키우고 싶은 마음은 모든 엄마가 같을 것이다. 더 나은 삶을 위해 결혼했고, 나보다 풍요롭게 키우고 싶어 스스로를 희생하고 있지만, 왜 행복하지 못하다고 느끼는 걸까?

나는 아이를 낳으면 잘 키우고 싶다는 욕심이 많았다. 임신하기 전부터 교감이 필요하다는 이야기에 아직 생기지도 않은 아이와 소통을 했고, 임신을 하고 나선 태교에 좋다는 정보는 모두 내 것으로 만들었다. 오로지 아이만을 위한 일상으로 가득 차 있었고 너무나 행복했다. 아이를 위한 정보는 누구에게도 뒤지지 않았고 교육열도 높은 편이었다. 그중 꼭 고집하던 한 가지는 엄마로서 3년을 살아야 한다는 것이었다.

태어나고 3년 동안 보내는 엄마와의 시간이 아이의 인생을 좌

우한다는 말이 있다. 나는 그 말에 완전히 공감했다. 나는 어린 시절부터 부모님과 떨어져 있는 시간이 많았고 그로 인해 성격이 삐뚤어졌다고 생각하고 있었기 때문이다. 다른 것은 몰라도 내 아이만은 잘 키우겠다는 다짐을 했다.

첫째 아이를 출산하고 나는 내가 생각하는 대로 육아에 전념했다. 엄마로서의 의무감으로 나 자신을 억누르며 그것이 아이를 위하는 일이라고 생각하면서 내가 아닌 엄마의 모습으로 살아가고 있었다. 그리고 스스로 행복한 엄마라고 자부하며 아이를 키웠다.

둘째를 출산하고 얼마 지나지 않아 하고 싶은 일을 찾게 되면서 나는 새로운 고민을 하게 되었다. 둘째가 아직 너무 어리다는 것이었다. 내 인생을 찾을 수 있는 기회인 것은 확실한데 아직 어린 둘째가 걱정이었다.

첫째의 경우 처음 어린이집에 보냈을 때 적응하지 못하고 한시라도 내가 눈에 보이지 않으면 불안해했다. 당시 아이의 상태는 매우 불안정했다. 어린이집 등원을 포기하고 집에서 함께 지내려 했지만, 당시 나는 둘째 임신 중 조산기로 절대 안정을 취해야 하는 상황이었다. 그러던 중 한 기관을 알게 되었고 그곳 원장님이 아이의 상태를 파악하고 나서는 맞춤형식으로 적응기를 가지게 되었다. 아이는 그곳에서 만족스러운 시간을 보냈다. 나는 둘째도 그곳에 보내기로 결심했다. 100일도 안 된 아이였지만 믿을 만한 곳이었고, 일을 하고 싶다는 나의 열정이 너무도 컸기 때문이다.

하지만 한 가지 걸리는 것이 남편의 잦은 출장이었다. 남편이 매일 집으로 퇴근하면 늦은 시간이라도 일을 분담해 서로에게 힘이 되어 주겠지만 한 달에 2주 이상은 출장을 나가 있어서 여간 곤란한 것이 아니었다. 이 문제를 해결하기 위해 남편과 상의했지만 뚜렷한 답은 나오지 않았다.

내가 생각한 것은 남편의 육아휴직이었다. 하지만 섣불리 선택할 수 있는 문제가 아니었다. 육아휴직을 끝내고 다시 직장으로 돌아갔을 때 사회적 위치와 경제적인 부분의 손실도 컸기 때문이다. 내가 계속 경단녀로 남아 있을 것인지, 새로운 인생에 도전할지 갈림길에 서게 되었다.

이것은 나만의 문제가 아닐 것이다. 육아를 위해 자신의 커리어를 포기하는 사람은 대부분 아빠가 아닌 엄마다. 아이를 임신했다는 이유로 엄마가 아이를 키워야 하는 것일까? 아니면 모성애가 강하기 때문일까?

나는 생각의 관점을 바꾸기로 했다. 그리고 남편과 꾸준한 대화를 나눴다. 결국 남편이 육아휴직을 하기로 했다. 여성의 경력 단절은 시간이 흐를수록 선택의 폭이 좁아진다. 하지만 남자는 다시 사회에 복귀했을 때 여성보다 폭 넓은 선택을 할 수 있다.

나는 아이 때문에 재취업의 기회를 놓치고 싶지 않았다. 내 아이를 핑계거리로 만들고 싶지 않았던 것이다. 만약 남편이 출장을 가지 않는 직업이었다면 나는 아이를 어린이집에 보냈을 것이다.

하루 종일 아이와 붙어 지내면서 아이의 인생을 위해 나를 희생했다고 생각하던 시절도 있었다. 그 시간을 겪어 보니 제일 중요한 것은 엄마의 행복임을 깨닫게 되었다.

나는 열정적으로 일을 했고 누구보다 책임감 있게 일을 해나갔다. 날 위해 희생하는 남편을 생각하며 모든 것을 쏟아 부었다. 힘든 시기도 있었으며, 남편의 육아우울증으로 고비도 있었다. 우리는 모든 것을 함께 해결하며 더 단단해졌다. 쭉 함께 있던 엄마가 갑자기 일을 하느라 많은 시간을 같이 보내지 못해 애착 형성에 문제가 되지 않을까 고민도 했지만 아무런 문제가 되지 않았다. 일을 시작하고 나는 아이에게 더욱 친절한 엄마가 되었다. 첫째 아이는 이제 엄마가 일하는 모습을 당연하게 생각하며 인정해 주고 있다.

아직도 많은 경단녀들이 육아문제로 재취업을 고민한다. 그렇다고 남편이 육아휴직을 해야 한다는 것은 아니다. 아이 때문에 자신의 인생을 포기하지 않길 바랄 뿐이다. 우리는 앞으로도 많은 장애물들을 만나게 될 것이다. 그 첫 관문인 육아 문제를 넘지 못한다면, 당신에게 주어진 시간은 점점 줄어들게 될 것이다.

나는 엄마이기 전에 내 모습이 있다는 사실을 깨닫기까지 8년이라는 시간을 흘려보냈다. 그 시간 동안 엄마의 모습도 내 모습이라며 나를 가두고 있었다. 그것은 나를 위한 위로였고 사회로 나가지 못한 것에 대한 핑계였다. 하지만 그렇게 살기에 나는 너무나 소중한 존재라는 생각이 들었다.

재취업은 여자의 인생을 다시 시작할 수 있는 출발점이다. 〈카드뉴스마케팅코칭협회〉 설미리 대표는 경력 단절 시기에 자기계발에 투자했다. 그녀는 출산휴가를 마치고 회사에 복귀한 뒤 연봉 협상이 원하는 대로 이루어지지 않아 퇴사를 결심했다고 한다. 만약에 그녀가 그 뒤로 육아에만 전념했다면 지금의 〈카드뉴스마케팅코칭협회〉는 없었을 것이다. 그녀는 경력이 단절되었던 시간을 기회로 삼아 자신의 커리어를 위해 끊임없이 자기계발을 하기 시작했다. 세 살 된 아이를 데리고 먼 거리를 오가며 〈한책협〉을 통해 자기계발에 몰두했다. 자신이 하고 싶은 일에 대한 열정으로 아이와 함께 움직인 것이다. 아이가 걸림돌이 되지 않았다는 것이다.

〈한책협〉에서는 이런 경단녀의 고충을 알고 베이비시터를 고용해 엄마들이 가치를 발굴하는 시간 동안 대신 아이를 돌봐주고 있다. 아이 때문에 일을 못한다는 핑계가 통하지 않는 곳이다. 〈한책협〉의 〈책 쓰기 과정〉을 통해 책을 내고 작가로 발돋움한 그녀는 직장생활을 해서 받는 연봉보다 더 높은 수익을 얻고 있다. 지금은 개인적으로 베이비시터를 고용하고 더욱 윤택한 삶을 살아가고 있다.

아이 때문에 재취업을 망설였던 나의 지난 과거를 생각해 보면 과연 내가 행복하다고 이야기하던 순간들이 진실이었나 돌이켜보게 된다. 그 시간들 또한 내 모습이었지만 나는 그 시절로 돌아가고 싶지 않다. 재취업에 아이가 걸림돌이 되지 않도록 나만의 해결점을 찾은 지금 누구보다 만족스러운 삶을 살고 있기 때문이다. 당신이 재취업을 간절히 원한다면 어디에나 길은 있다. 아이는 우리의 꿈을 막는 존재가 아니라는 것을 재취업을 통해 깨닫길 바란다.

07

엄마가 아닌
자신의 이름으로 살아라

무엇보다 부모가 행복해야 아이도 행복하다.

· 이승욱

당신은 지금 어떻게 불리고 있는가? ○○엄마? 아니면 당신의
이름? 나의 수식어가 나의 인생을 나타낸다. 누군가의 엄마가 아니
라 내 이름으로 살아가야 한다. 그렇다고 엄마로 살고 있는 지금이
잘못된 인생이라는 말은 아니다. 아이를 키우면서도 얼마든지 행
복을 찾을 수 있다. 단지 자신의 이름을 찾으라는 이야기다.

어린 시절 나의 꿈은 좋아하는 연예인과 결혼하는 것이었다. 어
른이 되고 나서는 내 분야에서 전문가가 되는 것이 꿈이었다. 결혼
하고 나서는 좋은 엄마가 되고 싶었다.

두꺼운 책을 읽고, 자격증을 따야 엄마가 될 수 있는 것은 아니
지만 좋은 엄마가 되기 위한 내 노력은 그에 비할 수 없었다. 잠들

었다가도 눕히면 우는 아이를 하루 종일 안고 있어야 했고, 나는 굶을지언정 아이 끼니는 절대 거르지 않았다. 그 와중에 집안 살림도 놓치지 않았다. 얼마나 더 일을 해야 하고, 더 많은 눈물을 흘려야 하며, 인내심은 어디까지인지 알 수도 없었다. 간신히 정신줄 붙잡고 참아내는 일상이었지만, 엄마들은 다 이렇게 힘들겠지 하며 스스로를 위로했다. 그래도 아이의 웃음소리를 들으면 마냥 행복했다. 자는 모습은 천사가 따로 없었고 낮에 느꼈던 우울한 감정은 언제 그랬냐는 듯 사라졌다. 아이의 자는 모습을 확인하고 조용히 거실로 나와 청소를 했다. 금세 다시 어질러지겠지만 그래도 내가 해야 할 일들이었다. 그렇게 나는 하루에도 몇 번씩 천국과 지옥을 오가는 엄마로 살아가고 있었다. 그 누구도 알려주지 않는 엄마의 모습을 배워 가고 있었다.

'엄마도 누군가에게 배운 적이 없겠지? 그런데 왜 엄마는 처음부터 엄마였을 것 같을까?' 하는 생각이 들었다. 누구나 엄마를 생각하면 아련한 마음이 들 것이다. 엄마라는 이름에는 희생이 따라오기 때문이다. 우리를 키우면서 엄마들이 고생이 많았다는 이야기는 다들 들어봤을 것이다. 육아를 하면서 행복하다는 이야기는 과연 얼마나 들을 수 있을까?

하지만 자신의 커리어가 있다면 이야기가 달라진다. 엄마가 아니라 온전한 '나'로 살아간다면 행복해질 수 있다. 환경에 따라 기분이 변하고 자신이 가장 힘든 것 같은 우울감은 스스로가 주체가 되지 않는 삶을 살고 있기 때문이다. 엄마라는 이름으로 살면서 나는 내 이름으로 살아가는 삶이 얼마나 소중한지 깨닫게 되었다. 그렇다면 나의 이름으로 살아가기 위해 할 수 있는 것들이 무엇이 있을까?

나는 다시 일을 하면서부터 내 이름으로 살아간다고 느꼈다. 내 능력을 확인하고 인정받는다고 생각하니 자신감을 얻어 새로운 아이디어가 떠오르고 하고 싶은 것들이 생기기 시작했다.

일을 시작하고 얼마 뒤 같은 사무실에서 근무하는 팀장님과 제품에 대한 설명, 세일즈 스킬 등을 교육하는 업무를 하게 되었다. 나는 PC와 거리가 멀다. 독수리 타자에 컴맹이기까지 했다. 교육을 진행하기 위해 파워포인트를 배워 전문성을 올리고 싶었다. 나는 매일같이 아이들을 재워놓고 컴퓨터 앞에 앉아 공부했다. 많이 부족했지만 교육을 진행하기에는 무리가 없어 보였다. 교육 콘티를 짜고 정보를 주기 위해 공부한 것들을 연습하고 전달력을 배워갔다. 그리고 교육이 진행되면서 나는 재미를 느꼈다. 교육은 점차 나아졌고 팀장님 또한 세일즈 업무에 많은 발전을 보였다.

만약 결혼 전 매일 밤을 새워가며 일해야 했다면 어떤 기분이었을까? 지금은 아이까지 있는데 매일 밤을 지새우며 일을 해도 즐겁다. 무엇이 다른 걸까? 오랜 시간 경단녀로 지내다 나를 알릴 수 있는 일이 생겨 내 능력을 확인받았기 때문이라고 생각한다. 그리고 그로 인해 다른 이들에게 영향력을 준다면 더할 나위 없이 보람찬 일이다.

나는 일을 하면서 아이의 엄마가 아닌 내 이름으로 살아가기 시작했다. 내 삶의 공간이 집이 아닌 직장이 되면서부터 나는 빛나고 있다. 사람들을 만나 미래에 대한 비전을 이야기하고, 고객을 만나 제품에 대한 확신을 이야기하는 내가 진정한 나라는 것을 알게 되었다.

나는 육아보다 일하는 게 더 쉽다는 것을 몸소 체험하고 있다. 그런데 이렇게 힘든 육아를 하는 엄마들에게는 왜 명함이 없을까? 게다가 월급도 없다. 이렇게 어떠한 대가도 받지 못하는 것이 육아인데 엄마들은 그것을 숙명으로 여기고 묵묵히 임한다. 아이가 성장하는 모습을 보는 것만으로 뿌듯하기 때문이다. 그것은 어떠한 가치로도 환산할 수 없다.

나는 이 책에 우리 엄마의 이야기를 많이 담았다. 그 이유는 나와 같은 모습이기 때문이다. 나는 명함도 월급도 없이 희생을 감수하며 사는 엄마의 모습을 보며 성장했다. 그래서 엄마처럼 살기 싫었다. 그런데 문득 내 아이도 나처럼 살기 싫다고 할지도 모른다는 생각이 들었다. 그래선 안 된다는 생각에 재취업의 길을 찾기 시작했다. 엄마처럼 살기 싫다고 투덜대기만 할 것이 아니라 당장 내 이름을 찾고 미래를 꿈꾸기로 했다.

내가 이렇게 일을 하고 삶의 방향을 정하자 엄마가 더욱 기뻐하셨다. 나에 대한 걱정을 덜게 되었다고 하셨다. 만약 내가 경제적인 어려움에도 그저 아이만 바라보며 힘들게 살았다면 안쓰러웠을 거라고 말이다.

내 인생은 누구도 대신 살아 주지 않는다. 그 말은 내가 하고 싶은 일이 무엇인지 스스로 찾아야 한다는 것이다. 엄마를 롤 모델로 삼아 그 뒤를 좇는 사람도 있고, 엄마처럼 살기 싫은 사람도 있다. 우리 아이들도 그럴 것이다. 아이에게 엄마의 모습을 경단녀로 남게 하지 말고 자신만의 커리어를 찾아 당당하게 사는 모습을 보여 주자.

경단녀라는 현실은 나의 이름을 되찾기 위한 과정일 뿐이다. 지금 이 시간을 헛되이 보내면 아무것도 이룰 수 없다. 내가 누구인지 무엇을 좋아하는지 어디서 기쁨을 느끼는지 알아야 한다. 나를 찾고 싶다는 간절함이 있다면 못할 것이 없다.

엄마가 아닌 나의 이름으로 불리기 위해 내가 할 수 있는 것이 무엇인지 찾아보고 하나씩 실천해 보자. 재취업을 통해 업무에서 인정을 받고, 자신이 기획한 일에서 성과를 거두어 보길 바란다. 그 과정에서 당신은 엄마의 이름 안에 숨겨져 있던 자신의 가치를 발견하게 될 것이다. 나의 가치를 찾고 나의 이름으로 살아가는 행복을 느끼길 바란다.

08

진정으로
하고 싶은 일을 찾아라

좋아하는 일을 하라. 그러면 살면서 '일'을 할 필요가 없어진다.

· 공자

나는 평범한 경단녀에서 벗어나 재취업을 하기로 결단을 내렸다. 주어진 시간 안에 나는 큰 목적을 이루어야 했다. 진정으로 내가 하고 싶은 일은 무엇이기에 8년의 경력 단절을 깨고 용기 내어 세상 밖으로 나왔을까?

재취업을 준비하며 관심 가는 회사들에 방문하기 위해 화장하고 옷을 입고 집에서 나와 회사까지 가는 길이 너무 행복했다. 나를 되찾는 기분이었다. 내가 진정으로 필요했던 것은 나만의 시간이었다. 그리고 일을 통해 성과를 얻는 것이었다. 그것으로 나라는 한 사람의 가치를 확인하고 싶었다.

내가 다시 일을 시작한 곳은 화장품 방문판매 회사였다. 나는 그 전까지 한 번도 방문판매를 해 본 적이 없었다. 새로운 만남도 싫어하는 내가 방문판매를 한다고? 겁이 덜컥 났다. 과연 내가 할 수 있을까? 재취업을 하기 전 한 달 동안 나만의 테스트를 하기로 했다. 남편의 육아휴직으로 나의 외벌이가 될 수 있는 상황이기에 함부로 결정할 수 있는 일이 아니었다.

둘째 아이의 밤중수유를 마치는 새벽 5시, 나는 부지런히 일어나 회사에 나가는 것처럼 화장을 했다. 그리고 첫째 아이가 일어나면 여느 집과 마찬가지로 전쟁 같은 시간을 보냈다. 정신없이 첫째를 어린이집에 등원시켜 놓고 집으로 돌아와 둘째와 놀아 주었다. 아이가 낮잠을 잘 때 유모차에 태워 화장품을 들고 함께 밖으로 나왔다. 주어진 시간은 2시간이었다. 갓난아이가 자고 있는 유모차에 전단지와 화장품을 담고 상가를 돌아다녔다. 하지만 차마 상점 안으로 들어갈 수가 없었다. 거절당하거나 내 모습이 초라해 보일지도 모른다는 생각에 두려웠다.

그렇게 한 상점 앞에서 한참을 서성이다가 용기 내어 들어갔다. 아직도 그 순간을 잊지 못한다. 어느 정도 시간이 흘렀을 때는 우는 아이를 안고도 화장품을 팔 수 있는 당당함이 생겼다. 첫 방문 때 그냥 돌아 왔어도 별 문제는 없었을 것이다. 하지만 난 화장품을 판매하러 간 것이 아니다. 내 능력을 확인하고 싶었다. 인정받고 싶었다. 그렇게 시작한 일은 점차 노하우가 쌓이기 시작했고, 유모차 대신 화장품 가방을 들고 본격적으로 일을 시작했다.

진정으로 내가 하고 싶은 일을 찾고 싶다면 경력 단절부터 벗어나야 한다. 그래야 미래가 바뀐다. 그리고 내가 무엇을 중요하게 여기는지 생각해 보자. 나의 경우는 잃어버린 자신감을 찾고 나를 인정하는 것이었다. 그러면 어떤 일이든 당당하고 자신감 있게 할 수 있기 때문이다. 내 능력을 인정받고 그것이 소득이 된다면 일하는 기쁨과 성취감을 얻게 된다. 그래서 나는 진정으로 하고 싶은 일을 찾기 위해 애썼다. 나를 행복하게 만드는 것이 무엇인지부터 생각하고 그 길을 만들기 위해 노력했다.

일을 하면서 방해되는 요인들이 있었다. 바로 인터넷에 퍼져 있는 가품과 유사품들이었다. 닥터펩티는 회사보다 제품이 먼저 알려지면서 제조업체에서 유사품으로 판매를 진행해 큰 피해를 보고 있는 상태였다. 정품을 제대로 알려야겠다는 사명감이 생겼다. SNS 마케팅이 정답이라는 생각이 들었다. 〈한국SNS마케팅협회〉에 찾아가 신상희 대표에게 도움을 요청했다. 그녀에게 컨설팅을 받고 여러 과정들을 열심히 수강한 결과, 컴맹이었던 내가 SNS를 통해 수익을 얻게 되었다. 나는 이렇게 업무에 도움이 되는 자기계발을 계획하고 실천해 나가면서 경제적인 안정 또한 얻고 있다.

이 과정에서 인연이 된 신상희 대표는 내게는 남다른 사람이다. 그녀도 전에는 나처럼 세일즈 업무를 했었다. 이제는 또 다른 길을 가게 된 그녀의 사연 또한 내게는 자극제가 되었다. 그녀는 진정으로 자신이 하고 싶은 일을 하고 있었다. 나 역시 하고 싶은 일을 찾고 싶었다.

진정으로 내가 하고 싶은 일이 무엇인지 알기 위해 하기 싫은 일은 무엇인지부터 생각해 보았다. 나는 육아에만 전념하던 시절로 돌아가기 싫었다. 다시 경단녀가 되는 것을 원하지 않는다. 그때의 삶도 물론 나였고 당시의 나는 만족하며 살아가고 있었지만, 지금은 많은 세상을 보고 나와 다른 세상에서 꿈꾸는 이들과 만나고 있다. 나에게 주어진 일이 얼마나 소중한 것인지 알게 된 이상 다시 돌아가고 싶지 않다. 그러니 지금 일에서 최선을 다해야 한다. 이렇게 반대의 상황에서 생각해 보면 다른 길이 열리기도 한다.

지금 나에게 중요한 것이 무엇인지 생각해 보자. 답을 찾았다면 어떻게 하나씩 실천해 나갈지 계획을 세워 행동하자. 하나씩 실천하다 보면 또 다른 나를 발견하는 계기가 될 것이다. 새로운 인연들을 만날 수도 있고, 그들로 인해 또 다른 꿈을 발견하며 더 넓은 세계를 경험하게 된다.

내가 만나는 사람들은 늘 한정되어 있었다. 그리고 정해진 공간 안에서 행동했다. 세상 밖은 다양한 사람들과 성공한 사람들로 가득하다. 그것을 알기까지 나는 많은 시간이 걸렸다. 더 나은 삶을 위해 고군분투하는 과정에서 또 다른 길이 열린 것이다.

경력 단절이라는 시간이 없었다면 지금도 내가 진정으로 하고 싶은 일을 찾지 못했을 것이라는 생각이 든다. 그 시간 동안 나에 대해 생각해 볼 수 있었고, 일의 소중함을 깨닫기도 했다. 만약 꾸준히 일을 했다면 돈을 버는 것에만 집중했을 것이다. 물론 돈을 벌기 위해 일하는 것도 괜찮다. 어떤 일이라도 즐겁게 할 수만 있다면 문제가 되지 않는다.

당신도 진정으로 좋아하는 일을 찾고 싶다면 지금 당장 경력 단절에서 벗어나길 바란다. 그것이 시작이다. 중요한 일들을 하나씩 해결하다 보면 새로운 인연들과 상황들이 하고 싶은 일이 무엇인지 깨닫게 해 줄 것이다.

PART 3

성공하는
재취업 전략
10계명

01

뚜렷한 목표를
정하라

행복한 삶을 원한다면, 사람이나 사물이 아닌 목표에 의지하라.

• 알베르트 아인슈타인

재취업을 하고 싶은데 이전 경력을 살릴지, 아니면 새로운 일에 도전할지 고민하는 사람들이 많다. 어떤 선택을 해야 지금보다 나은 삶이 될까. 이때 선택은 신중해야 한다. 재취업을 한다고 해도 환경이나 적성이 맞지 않는다는 이유로 이직이나 전직을 하는 경우가 생길 수 있기 때문이다.

나는 재취업을 준비하면서 이전 근무지에서 알게 된 지인 혜선 씨를 만났다. 임신 중이나 출산 후에도 꾸준히 일을 해온 그녀는 일을 계속해야 하는지 고민이 많았다. 그 모습이 아직 일을 하지 않고 있는 내 모습과 별반 다르지 않다고 생각했다. 다른 것이 있다면 그녀는 월급이 들어오고 나는 아직 받는 월급이 없는 것뿐이었다.

혜선 씨는 오랜 기간 한 회사에서 일했는데 그동안 회사의 경영자가 세 번이나 바뀌었다고 한다. 그에 따라 회사의 정책과 환경도 바뀌게 되면서 스트레스를 자주 받게 되었다. 회사의 비전을 믿고 일하고 싶은데, 언젠가는 회사가 매각될지도 모른다는 생각이 드니 불안해졌다. 더 큰 문제는 경영자가 바뀌면서 구조조정과 연봉조정이 이루어진다는 것이었다. 상황이 이렇다 보니 자신이 언제 회사를 그만두게 될지 모른다는 불안감 때문에 의욕도 생기지 않았다.

혜선 씨는 그렇게 직장에 만족하지 못하는 상태에서 시간만 보내고 있었다. 일을 그만두면 새로운 환경에서 다시 시작해야 한다. 재취업이 되기 전까지 수입도 없으니 금전적인 부분도 고려해야 한다.

그녀는 결국 이직을 하지 않았다. 다른 회사의 면접을 본 적은 있지만, 어차피 같은 일이라며 옮기지 않고 불안한 직장생활을 유지하고 있다. 하기 싫은 일을 억지로 하는 혜선 씨는 많이 지쳐 보였다. 그런 그녀가 다른 곳으로 간다고 즐겁게 일할 수 있을까? 나와 같이 꿈을 이야기하며 즐겁게 일하던 혜선 씨였는데, 이제는 그녀의 삶이 안쓰럽게 느껴졌다.

나는 그 전에는 재취업으로 인생을 새로 시작해야 한다고 생각하니 고민이 많았다. 젊은 사람들 사이에서 늦은 나이라고 생각했기 때문이다. 혜선 씨와의 만남은 이직과 전직을 고민할 필요가 없다고 생각하는 계기가 되었다. 재취업의 우선순위는 이직도 전직도 아닌 즐거운 일이다. 그다음 하나씩 해결하는 것도 나빠 보이진 않는다.

나의 재취업은 이직이었다. 이전에 해왔던 일이 부담감이 적을 것 같았다. 이직을 하고 보니 어느 정도 감각은 살아 있었다. 다만 감각을 극대화하기 위해 많은 노력이 필요했다. 자기계발도 하고 남다른 노력을 한다면 꾸준히 일해 왔던 사람과 크게 다를 것도 없다. 언젠가는 기존 직원들과 같은 위치에 있는 자신을 보게 될 것이다.

나는 이직을 하고 전직을 한 케이스다. 누군가 두 가지 중에 어떤 도전을 하는 것이 맞는지 묻는다면 답은 자신에게 있다고 이야기해 주고 싶다. 삶의 목표를 어디에 두는지에 따라 이직과 전직의 차이점이 나눠지기 때문이다.

내가 이직을 하고 만족스런 생활을 하고 있던 도중 전직을 하게 된 것은 하고 싶은 일이 생겨서다. 전직을 하고 나서 준비 기간 동안에는 다시 경단녀의 길로 들어섰지만 하고 싶은 일을 할 뿐이었다. 두 가지 모두 나에게 필요했다고 생각한다. 이직을 하고 회사에서 일을 할 때 역시 열정을 다해 일했다. 누군가 나에게 그러다 쓰러질 것 같다는 이야기를 한 적도 있다. 나는 그래도 행복했다. 다시 찾은 일이 감사했고 내 능력을 확인받을 수 있는 공간이 있었기 때문이다.

전직을 하고 나서는 더욱 시간이 없었다. 하지만 전직을 했다는 것은 조금 더 명확한 꿈이 생겼거나 새로운 도전을 한다는 의미다. 전직은 새로운 일에 대한 도전이므로 신입이나 같은 의미다. 경력을 내세울 필요도 없다. 그렇다면 모든 것을 감수하고 신입의 자세로 배우는 입장이 되어 보자. 무엇이 더 쉽다고 이야기할 수 없다. 선택은 내가 하는 것이니 말이다.

뚜렷한 목표만 있다면 고민하지 말자. 인생을 걸고 비전 있는 일이 무엇인지 생각해 본다면 조금은 더 편한 선택이 될 수도 있다. 이직을 해 경력을 쌓으며 쭉 나아가도 좋고, 전직을 해 방향이 바뀌어도 좋다. 나는 전직을 위해 이직을 했다고 생각한다. 그 과정 안에서 내가 많이 성장했기 때문이다. 다만, 앞에서 말한 혜선 씨처럼 매일을 고민하며 힘들게 일을 대하지 말았으면 한다. 자신이 맡은 일에 대한 태도와 가치관에 따라 삶의 질은 분명히 바뀐다.

이직을 해야 할지 전직을 해야 할지 고민이라면, 정확한 목표를 세워 보자. 목표가 없는 직장생활은 자신을 지속적으로 힘들게 만드는 주범이 된다. 자신의 적성에 맞아 즐기면서 할 수 있는 일을 찾는 것이 우선이다. 매일 다른 직장으로 옮기고 싶다는 생각에 사로잡혀 또 다른 고민거리가 생기는 재취업이 되지는 말도록 하자.

02

장점과 특기를
살려라

자신이 좋아하는 일을 하라. 그러면 성공은 자연히 이루어진다.
· 워런 버핏

나의 직업은 화장품을 파는 세일즈맨이다. 나는 중학생 때부터 피부로 놀림을 많이 받았다. 하루는 길을 가던 도중 한 남학생과 눈이 마주쳤다. 그 남학생은 내 피부가 징그러워서 쳐다보지도 못하겠다고 말했다. 나는 큰 상처를 받았고, 그 후 사람들과 얼굴을 마주 보고 대화하는 것을 피했다. '나를 보고 징그럽다고 생각할 텐데'라며 대인기피증이 생겼다. 그때부터 혼자서 끼적거리며 글을 적고 그림을 그렸다.

고등학생 시절 우연히 EBS의 직업 소개 프로그램을 보게 되었다. 피부관리사 관련 직업에 관한 스토리가 방송되고 있었다. 고객들이 어떻게 피부를 개선시킬 수 있는지 피부관리사에게 상담을 받는 모습이 나왔다. 나는 그 방송을 보고 고객으로 가고 싶다는 생각보다는 관리사가 되어 전문적으로 내 피부를 개선시키고 싶다는 생각이 들었다. 그래서 나는 피부관리사 공부를 시작해 1년 뒤 피부관리사 자격증을 따게 되었다.

나의 가장 큰 콤플렉스이자 단점은 피부였다. 나는 누구보다 피부가 안 좋은 사람들의 심정을 잘 알고 있다. 하지만 나는 피부과의 도움을 받은 적이 단 한 번도 없다. 내 피부를 개선하기 위해 이론적인 공부보다 현실에서 해결할 수 있는 방법들을 찾기 시작했다. 나뿐만 아니라 관리실에 온 고객들에게도 마찬가지였다. 피부 트러블이 심한 사람은 어디를 가더라도 자신감이 많이 떨어진다. 피부관리사에게 피부를 맡기는 상황을 미안하게 생각하는 경우도 많다. 나는 그런 사람들의 마음을 헤아려 주면서 피부가 개선될 수 있는 방법들을 같이 찾아나가기 시작했다. 그 과정에서 나는 많은 것을 배웠다. 피부가 개선될수록 고객과 나의 친밀도는 높아지고 자신감도 생겼다.

내가 변한 것은 피부만이 아니었다. 단점을 장점으로 변화하는 과정에서 전문성 또한 높아졌다. 다른 사람과 눈도 제대로 못 맞추던 내가 문제점을 개선하고자 몰두한 것이 직업이 되었다. 피부 때문에 상처받은 경험들은 고객들과의 공감대로 이어져 많은 고객들을 확보할 수 있었다. 고객별 피부타입에 맞게 홈 케어를 진행할 수 있도록 도와주는 역할이 관리실 안에서 나의 특기가 되었다. 나를 찾는 고객들이 늘어가면서 스물한 살이라는 어린 나이에 피부관리실을 오픈하게 되었다.

나처럼 자신이 가지고 있는 장점과 특기를 무심히 지나치지 않기 바란다. 재능을 살리기 위해 꾸준함을 동반한다면 전문성을 키울 수 있다. 즐기면서 할 수 있는 직업을 찾는 기회가 올 것이다.

자신의 장점이 무엇인지 모르겠다면 단점부터 생각해 보는 것도 좋다. 내가 극심한 피부 트러블을 극복하기 위해 피부관리사를 선택했던 것처럼 말이다. 어떤 관점에서 어느 감정을 가지고 일을 하는지에 따라 전문성이 발휘된다. 나는 나와 같은 고민을 하는 고객들의 마음을 헤아렸다. 피부가 안 좋은 사람들은 자신감이 떨어져 주눅이 들어 있는 경우가 많다. 그런 고객들이 그저 피부 관리만 받고 끝나는 것이 아니라 자신감을 얻기를 바랐다. 고객들이 어디서든 당당하게 행동하길 바라는 마음으로 대한 것이다.

직업의 사전적 의미는 '생계를 유지하기 위하여 적성과 능력에 따라 일정한 기간 종사하는 일'을 뜻한다. 자신의 적성에 맞는 일로 생계를 유지하는 것이란 대체 무엇일까? 경단녀들이 재취업을 원하는 데는 여러 가지 이유가 있다. 무엇보다 잃어버린 일을 찾고 싶은 욕구가 강할 것이다. 잃어버렸던 일을 자신의 적성에 맞는 일로 찾기 위해 무엇을 해야 할까?

누구나 하나쯤은 즐기면서 하는 일이 있을 것이다. 그것을 취미라고 한다. 일이 즐겁다는 것은 하고 싶은 것을 한다는 이야기이기도 하다. 내가 하고 싶었던 것은 사람들과의 대화였다. 독박육아를 하며 대화를 나눌 상대가 없다 보니 누군가와 대화하는 즐거움이 좋았다. 문화센터를 다니며 엄마들과 육아에 대한 정보를 공유하기도 하고 나보다 늦게 출산한 지인들에게 나의 경험담을 이야기해 줄 때 즐거움을 느꼈다.

나는 해결하기 힘든 상황이거나 어려운 일이 있을 경우 '책'의 도움을 받는다. 결혼 전부터 직장생활을 하며 문제가 생길 때마다 책에서 해결방안을 찾았다. 육아를 하고 우울증이 왔을 때도 책을 읽으려고 노력했고 육아에 대한 정보를 얻는 경로도 항상 책이었다. 내가 좋아하는 것을 찾는다는 것은 일상생활에서 즐기면서 할 수 있는 일로 생각해 보면 된다. 나는 책을 좋아하는 취미를 가졌고 사람들과의 대화를 좋아했다.

그렇다면 그것으로 생계를 유지할 수 있는 방법을 찾으면 되는 것이다. 나의 첫 재취업은 작가가 아니었지만, 결국 내가 좋아하는 취미생활이 특기가 되어 직업이 되었다. 그것이 일반 직장보다 돈벌이가 적더라도 보람을 느끼면서 일한다면 꾸준히 한 계단씩 올라가는 것도 좋은 방법이다. 장점과 특기를 살려 직업을 찾는다는 의미를 어렵게 생각할 필요는 없다. 결혼 전에 찾았던 일은 내 장점을 특기로 살려 직업이 되었고, 결혼 후 작가의 삶을 살고 있는 현재는 취미가 특기가 되어 직업을 갖게 했다. 나도 했고 당신도 할 수 있다.

처음부터 자신의 장점이 무엇인지 아는 사람은 극히 드물다. 단점을 극복한 경우나 다른 이들에게 도움을 줬던 상황을 찾아보자. 그것이 장점과 특기로 발전해 사랑하는 직업을 찾을 수 있는 출발점이 되기도 한다. 일을 사랑하게 되면 전문성은 당연한 것이다. 이런 과정에서 잠재력이 계발되어 새로운 인생을 시작할 수 있다.

오랜 시간에 걸쳐 나를 훈련하고 있었다는 사실을 깨달았다. 단점을 장점으로 변화하는 과정을 거치면서 나는 상대방의 마음에 공감하는 능력이 있음을 알게 되었다. 그 공감능력으로 상대의 자신감을 높여 주며 나는 긍정의 아이콘으로 거듭났다. 그런 과정이 경력 단절 기간 동안 반복되면서 나만의 전문성은 더욱 단단해졌다. 그리고 지금의 내 모습을 갖추게 되었다. 내가 이룬 것처럼 당신도 가능하다. 장점과 특기를 살릴 수 있는 직업을 찾아 일을 사랑하는 멋진 여성이 되라.

03

채용 정보를
수집하라

무슨 일이든 관심이 없는 사람보다 관심이 있는 사람에게
정보는 보다 빠르게 전달된다.

· 조기홍

매체를 통해 성공한 여성들의 이야기를 자주 접할 수 있다. 그
들을 보며 부러워하기보다 나도 할 수 있다고 생각해 보자. 그들처
럼 되려면 무엇부터 해야 하는지 생각의 관점을 바꾸는 것이다. 성
공적인 재취업 비법을 알고 싶다면 성공한 사람들이 무엇을 준비
하였는지 살펴보면 알 수 있다. 재취업과 성공은 일맥상통하기 때
문이다. 성공한 사람들이 공통적으로 이야기하는 것 중 하나는 '정
보 수집'이다. 실제로 경단녀 중 경력이나 실력이 없는 사람보다 재
취업에 필요한 정보를 몰라 선택폭이 좁은 사람이 재취업을 어려워
하는 경우가 많다.

첫째를 출산하고 얼마 지나지 않았을 때, 시어머니께서 무릎이

많이 안 좋으셔 병원에서 검사를 받아 보시길 권유했다. 검사비용은 50만 원 정도였다. 시어머니는 보험 적용도 되지 않아 금액이 부담되셨는지 검사를 포기하셨다. 우리는 마음이 편치 않았다. 남편도 딱히 말을 하진 않았지만 자식이 되어 병원비를 선뜻 내드리지 못하는 마음이 좋지만은 않았을 것이다. 자식 된 도리 정도는 하고 살자며 부족한 돈벌이를 해결하고자 많은 대화를 나누었다.

아이 키우면서 출퇴근하는 일자리 찾기가 생각보다 쉽지 않았다. 남편은 잦은 출장으로 집에 없는 날이 더 많았다. 나 혼자 출근을 하며 아이를 맡기고, 퇴근하며 찾아오는 일상을 반복해야 했다. 어린이집 시간도 고려해야 하고 야근하는 업무는 피해야 했다. 그렇다고 베이비시터를 구할 형편도 되지 못했다. 일을 하면서도 가사까지 도맡아 해야 한다고 생각하니 막막하기만 했다. 결국 재취업 도전은 접고 대출을 받아 시어머니의 병원비를 마련했다. 많은 생각을 하게 되는 상황이었다. 아이는 점차 성장할 것이고 교육비며 노후 자금 등 목돈들을 준비해 놓아야 한다. 남편의 벌이로만 감당하기엔 빠듯한 살림살이가 될 것이 분명했다.

그렇다고 막상 어떤 일을 시작해야 할지 생각하니 막막했다. 육아에만 전념하다 보니 취업 준비하는 방법도 잃어버린 것 같았다. 구인구직 사이트를 돌아보며 아이가 어린이집에 가 있는 시간에 일할 수 있는 곳을 찾았다. 나의 적성 따위는 전혀 고려하지 않았다. 가계에 적자가 아닐 정도, 아이 간식비 정도만 벌어도 감사하다고 생각했다. 아직 어린 아이들을 키우는 엄마들은 오전에 잠시라도 일할 수 있는 곳이라면 최고의 직장이 되는 경우가 많다. 많은 노동력이 필요하지 않다면 더욱 좋은 조건인 셈이다. 하지만 그런 일은 업무 비중이 크지 않기 때문에 큰 책임감 없이 근무하다가 퇴사하게 되는 경우도 허다하다.

나 역시도 그런 일을 찾기 시작했다. 아이의 시간에 맞춰 내가 할 수 있는 일을 찾은 것이다. 구인구직 사이트에서 근무시간만 조회하며 일자리가 나오길 기다리다 나는 둘째를 임신하게 되었다.

전업주부가 되고 나서 알게 된 희경 언니가 있다. 나는 둘째를 임신 중이었고, 언니는 둘째를 계획하던 중이었다. 그러다 희경 언니는 나이를 고려해 둘째 임신은 아무래도 안 되겠다 싶어 재취업을 알아보기 시작했다. 그렇게 찾은 곳은 '여성 새로 일하기 센터'였다. 그곳은 매주 특정한 요일에 '구직데이'가 열려 취업을 희망하는 여성들에게 많은 정보를 주고 있었다.

나도 미리 알아볼 겸 언니와 함께 방문하기로 했다. 생각보다 많은 사람들이 찾아오는 곳이었다. 육아맘인 나의 평소 동선은 시장과 놀이터 정도였는데 그곳의 분위기는 나를 일터로 가고 싶게 하는 열정이 있었다. 방문하는 연령층도 다양했다. 나이가 지긋하신 분들도 상담이 진행 중이었다. 내가 그동안 안일하게 취업 준비를 해 왔다는 생각이 들었다. 취업을 포기하기에 나는 이른 나이일

뿐더러 두려워할 필요가 없다는 생각을 했다. 그리고 잘 알지 못했던 분야와 새로운 직종들을 알게 되었다. 생소한 직업들에 대한 정보를 많이 들을 수 있었다.

아직 어린아이를 키우는 주부들은 육아 문제로 취업에 어려움을 겪고 있다. 하지만 그곳에서는 정시 출퇴근이 아니어도 시간을 효과적으로 활용할 수 있는 직종을 설명해 주었다. 더군다나 신 직종에 대한 정보와 교육도 진행하고 있었다. 취업에 대한 정보력이 부족할 수밖에 없는 경단녀들에게 길잡이가 되어 주는 곳이었다. 그렇게 희경 언니는 적성에 맞는 독서지도사로 재취업에 성공했다.

이곳에서 나의 정보력이 얼마나 떨어지는지에 대해 많은 반성을 했다. 내 적성은 무시한 채 근무시간만 따지다 인생을 낭비할 수도 있었겠다는 생각이 들었다. 잠시 아르바이트 정도의 근무를 하게 되면 또다시 취업 준비를 해야 하는 상황을 맞이하게 되었을 것이다.

내게 맞는 적성과 취업을 위해 채용 정보를 수집해 보자. 지자체 구직센터와 공공기관 재취업센터, 박람회, 세미나 등을 찾아 정보와 방법들을 수집해야 한다. 그렇다면 뒤처진 경력을 보완해 주는 역할을 하게 될 것이다. 다양한 직업이 있음에도 불구하고 정보가 부족해 혜택을 받지 못하는 일이 없기를 바란다.

04

네트워크를
활용하라

당신이 일하는 곳이 어디인지가 아니라 당신의 마음이 어디에 있는지,
시선이 어디를 향하는지가 훨씬 더 중요하다.

· 마윈

경력은 단절될 수 있지만 절대 단절되지 않는 한 가지가 있다.
바로 네트워크다. 네트워크란 상당히 추상적인 단어지만 취업을 준
비하는 이들에게는 크게 두 가지 의미로 다가올 것이다. 인적 네트
워크와 소셜 네트워크다. 이 두 가지를 활용해 구직활동의 범위를
넓힐 수 있다.

내가 다시 일을 시작하게 된 계기에는 인적 네트워크가 적용되
었다. 나를 취업으로 이끈 사람은 바로 엄마다. 두 아이를 출산하
고 앞으로의 경제적인 문제에 대해 고민이 많았던 나를 인생 선배
로서 이끌어 주셨다. 아이들이 조금이라도 어릴 때 자리를 잡아야
한다는 것이었다. 그러나 환경적인 여건이 따라 주지 않아 안쓰러

위하셨다. 그런 나에게 잘 맞는 일이 될 것이라며 화장품을 선물해 주신 분이 바로 엄마다. 엄마는 그 화장품을 먼저 사용하다가 내가 결혼 전 화장품 세일즈를 하던 것을 떠올리시고는 경력이 아깝다는 생각을 하셨다고 한다. 그러고는 일하는 딸의 모습을 상상해 보셨다고 한다. 일을 하며 자신의 인생을 사는 당당한 딸의 모습을 꿈꾸신 것이다. 그리고 일자리를 구하고 있던 나를 보시고는 화장품을 선물해 주신 것이다. 그 덕분에 나는 새로운 일자리를 구할 수 있었던 것이다.

다시 시작한 일을 하던 중 지인의 동생 소희가 아이를 출산하고 집에서 부업을 시작했다는 이야기를 들었다. 갑작스런 남편의 실직으로 경제적인 어려움을 겪고 있다고 했다. 지인은 또 다른 일자리를 찾는 동생을 위해 나와의 만남을 권유했다. 소희는 나와 대화한 뒤 부업과 함께 투잡으로 하기에 적절한 일이라고 판단해 일을 시작했다. 그러나 곧 문제가 생겼다. 소희가 자신이 직접 힘들게 구한 일이 아니라 내 소개로 쉽게 시작해서인지 이 일을 가볍게 여긴 것이다. 고객과의 시간 약속을 가볍게 여기고 취소하는 경우가 빈번했다. 인적 네크워크로 구직이 될 경우 생길 수 있는 문제다.

인맥은 구직자들에게 강력한 무기가 된다. 자신이 갖추고 있는 역량이나 능력들에 대한 어필이 조금 더 쉽고 자유롭기 때문이다. 근무환경에 대한 선택도 편안하게 할 수 있다. 반면, 상당히 조심스러운 부분이기도 하다. 인맥 관리가 되지 않는다면 쌓아두었던 신뢰도가 사라지기도 한다. 소희가 그러한 경우였다. 소희는 투잡을 하느라 일이 겹치게 되면서 결과적으로는 두 가지 모두 소홀하게 되었다. 결국 신용이 우선인 인적 네트워크 취업에서 실패하게 되면서 기존의 대인관계도 놓치게 되었다.

인맥은 금맥이다. 20대의 취업은 자신의 커리어를 쌓기 위한 도전일 수도 있다. 하지만 경단녀가 재취업을 할 때 인적 네트워크를 통한다면 더욱 책임감을 가져야 한다. 누군가가 자신을 믿고 취업을 연결해 주었으므로 그 신뢰를 저버려서는 안 된다. 소개해 준 사람의 평판에도 악영향을 미치기 때문이다.

친구 지민이는 블로그에 자신의 취미생활이나 일상생활을 일기 형식으로 올렸다. 아이들이 잘 먹는 간식이나 요리 과정들을 꼼꼼히 기록하고 작성해 블로그 이웃들고 꾸준히 소통하고 있었다. 그러다가 재취업을 해야겠다는 생각으로 오전 시간에만 할 수 있는 일거리를 찾던 중 SNS 친구인 한 업체의 구인광고를 보게 되었다. 그 어떤 스펙도 필요 없고 자기소개서만 제출하면 된다고 했다. 특히 운영하고 있는 블로그가 있다면 높은 가산점을 준다고 했다. 지민이에게 딱 맞는 조건이었다. 이렇게 그녀는 블로그로 직업을 갖게 되었다. 별도의 출근 없이 집에서 블로그 포스팅과 더불어 계정을 운영하는 마케팅 업무를 맡게 된 것이다.

육아에만 전념하는 경단녀들도 SNS 활동은 많이 하고 있다. 소셜 네트워크는 단절된 사회와 연결고리가 되어 준다. 나 역시도 다시 시작하게 된 일에서 고객관리와 다양한 방면에 소셜 네트워크를 활용해 좋은 성과를 거두고 있다.

이처럼 SNS는 사람과 사람, 회사와의 소통에 발판이 되기도 하며 만남의 많은 연결고리가 되어 취업에도 큰 작용을 한다. 블로그는 분량의 제한이 없고 자신의 생각을 마음껏 표출할 수 있다. 글을 작성하는 방식이나 사진을 활용하는 등 포스팅의 구성 방식이 개인마다 다르기 때문에 포트폴리오나 다름없다.

스펙이 없고 경력 단절의 시간이 길다고 걱정하기 이전에 자신을 표현할 수 있는 방법들을 생각해 보자. 지민이처럼 즐기면서 할 수 있는 일을 찾게 되는 경우도 있다.

워킹맘이 된 나는 소셜 네크워크를 통해 많은 사람들과 소통이 이루어진다는 것을 경험했다. 일을 시작하며 준비한 것들이나 상품들을 SNS를 통해 꾸준히 홍보하며 나만의 이미지를 구축해 나가고 있다. 그런 글들을 꾸준히 지켜보며 소통하던 사람들이 제품을 구매하고 나와 함께 일을 하게 되는 경우들이 있었다. 지금 당장의 효과를 보지 않더라고 꾸준하게 소통해야 한다.

SNS를 통해 자신을 어필할 수도 있지만 평소 대인관계나 성격, 가치관 등이 고스란히 드러날 수도 있다는 점을 명심해야 한다. 인사 담당자가 구직자를 판단할 때 중요한 요인으로 볼 수 있다. 부정적인 글이 게시되어 있다면 불이익으로 다가올 수 있다. 나 역시도 다른 사람의 SNS를 볼 때 글과 사진으로 그들의 가치관을 판단한다. 이것을 염두에 두고 소셜 네트워크의 장단점을 활용해 보도록 하자.

언젠가 나도 재취업을 해야겠다는 생각이 들거나 지금 당장 재취업을 원하는 경단녀라면 구직에 대한 간절함을 표현하도록 하자. 간절한 사람에게 기회는 오게 마련이다. 네트워크의 힘이 발휘되어 당신이 행복하게 일할 수 있는 업무환경이 제공될 수 있다.

05

이력서는
실적 중심으로 써라

오늘 할 수 있는 일에 전력을 다하라.
그러면 내일은 한 걸음 더 진보한다.
· 아이작 뉴턴

"매출이 곧 인격이다."

내가 결혼 전 사회생활을 하던 시절 직원들과 항상 하던 이야기다. 회사는 과정 중심이 아닌 결과 중심으로 직원들을 보고 실적으로 업무능력을 평가한다. 매출을 올리기 위해 노력하는 과정들은 개인의 능력을 향상시키는 자기계발일 뿐, 회사에 기여하는 것은 결국 실적이기 때문이다.

재취업을 앞두고 이력서를 작성하는 일은 너무 어려웠다. 8년 동안 사회생활을 하지 않았기 때문에 이력서에 쓸 것이 없었다. 육아에 대해 쓰라고 하면 많은 것을 적을 수 있을 것 같은데 말이다.

많은 재취업 서적들을 보면 공통적으로 하는 이야기가 '육아도 경력이다. 자신감을 가져야 한다'고 한다. 나 역시 육아로 인내심과 큰 목소리를 길렀다. 그렇다고 이런 내용을 이력서에 쓸 수는 없지 않은가. 자신을 쉽게 보이고 싶다는 이야기나 마찬가지다.

막상 이력서를 써야 하는 상황이 되고 보니 육아는 스펙이 될 수 없다는 사실을 인정할 수밖에 없었다. 육아로 길러진 내 인성은 회사에 출근해 일을 해야만 확인될 것이다. 그 인성으로 성과를 끌어올릴 수 있다는 것 또한 일을 해야 알 수 있는 것이다. 더군다나 내가 적어야 하는 이력서는 단순히 회사에 취업하기 위한 것이 아니었다. 특정지역의 대리점을 오픈할 만한 역량이 되는지에 대한 서류였다.

그러던 중 나보다 일을 일찍 시작하고 현장에서 업무 능력을 인정받던 분이 불합격되었다는 소식을 들었다. 그래서 더욱더 나를 제대로 알릴 이력서가 필요하다고 생각했다. 서류심사에서 통과해야 면접 기회가 생길 것이니 말이다.

패기 넘치던 20대 시절 나에게 이력서는 그저 빈칸을 채운다는 개념이 더 강했다. 자신감은 하늘을 찌르고 있었고, 불합격이 될 것이라고 생각하지 못했다. 종이 한 장으로 내가 판단될 수 있다는 것을 너무 쉽게 생각했다.

이력서에는 이전 근무지와 회사에 입사하게 된 동기와 지원 포부를 작성하는 공간이 있었다. 유명한 회사에서 일하고 싶어서, 입사를 하면 열심히 하겠다는 뜻을 담은 이력서를 제출했다. 그 후 면접을 보면서 면접관이 했던 말이 아직도 기억난다.

"유명한 회사에 지원하는데 이력서는 평범하게 작성했네요."

그러더니 이전 회사에서 어떤 성과를 남겼는지, 그리고 퇴사한 사유와 나의 가치관에 대해 질문하기 시작했다. 나는 당황해 겨우 대답했다. 지금 생각해 보면 참 준비되지 않은 취준생이었다. 이력서 한 장으로 나를 표현할 수 있다는 사실을 그날 불합격하고 나서야 알게 되었다.

이때의 경험은 8년간의 경력 단절 후 재취업에 도전할 때 큰 도움이 되었다. 새롭게 이력서를 작성하며 나의 모든 것을 이력서에 표현했다. 나의 업무능력과 이전 회사에서의 실적 등을 자세하게 적고 회사가 나를 채용해야 하는 이유를 자신감 있게 적었다.

이처럼 이력서는 나의 장점을 드러내고 그것을 활용해 회사에 어떤 이익을 안겨 줄 수 있는지 나타내야 한다. 그래야 서류 심사에서 통과해 면접 기회를 얻을 수 있다. 그리고 면접에서는 그 이력서를 중심으로 질문이 들어온다. 그때 나의 능력과 그것을 얻기 위해 한 노력들을 표현하면 된다. 나는 가치 있는 사람이지만 환경에 의해 아직 빛나지 못하고 있는 것뿐임을 알리기 위해 노력해 보자.

물론 나보다 더 좋은 스펙을 가진 젊은 취준생이 많을 것이다. 그렇다고 해서 자신감을 잃지 말자. 내가 그들보다 더 많은 경험을 가지고 있다는 것을 내세우면 된다. 경력이 스펙보다 중요하다.

나는 이력서를 작성하면서 나를 돋보일 수 있는 실적에 대해 곰곰이 생각해 보았다. 재취업하고 싶은 회사와 아무 연관 없는 업무에 대한 실적은 작성할 필요가 없다고 판단했다. 매출을 많이 올렸던 것이 내 가치를 판단할 수 있을 것 같았다.

이전 경력에서 1억 원의 매출을 달성한 경력과 그로 인해 여러 개의 매장을 운영하게 되었다는 사실을 이력서에 작성했다. 20대 때처럼 빈칸 채우기 식의 이력서를 작성하지 않고 진심을 다해 작성해 나갔다. 나의 열정과 앞으로의 포부, 이전 실적을 위한 나의 도전, 그리고 다시 찾고 싶은 성과에 대한 간절함을 자세히 적었다.

당신의 역량과 실적을 표현한 이력서에서 회사는 당신의 잠재력과 비전을 보게 될 것이다. 나 역시 그런 이력서를 작성하며 자신을 트레이닝시켜 왔다. 결과는 성공적이었고, 나의 의지 또한 전달되었다고 생각한다.

이력서에 정해진 형식은 없다. 가치관이나 특성을 파악하기 위한 나만의 수단이라는 것을 기억하고 잘 활용해야 한다. 젊은 취준생과 다르게 경단녀는 많은 경험과 간절함 또한 표현하는 것이 좋다. 간절함은 회사 업무에 큰 영향을 미친다는 것을 인사 담당자도 충분히 느낄 수 있을 것이다.

이력서를 작성하는 스킬 또한 PC 업무 능력을 어필하는 하나의 방법이 될 수도 있다. 가벼운 이력서는 가벼운 일을 하고 싶을 때 작성하는 것이다. 그때는 나 자신의 가치도 가벼워진다고 생각한다. 재취업은 자신의 또 다른 인생을 결정지을 수 있는 선택이다. 그런 골든타임에 가볍게 자신을 드러내지 말도록 하자. 그리고 가벼운 일을 해서 또 다른 이직을 하게 되는 경우의 수를 줄여야 한다.

매출이 곧 인격이라는 것은 회사에서는 실적만 본다는 말이다. 결과가 그 사람을 판단한다는 의미도 있지만, 그 실적 안에 노고가 충분히 드러난다. 일에 대한 마인드와 회사를 생각하는 태도를 알 수 있는 방법 중에 제일 좋은 방법이다. 어떤 회사든지 그 회사에 모든 것을 바치겠다는 태도로 근무하는 사람을 선택한다. 그런 사람이 회사를 성장시키는 중요한 역할이기 때문이다.

재취업을 원하는 경단녀라면 실적이 잘 나왔던 경험을 최대한 예쁘게 포장해 보자. 그 실적으로 자신의 가치를 표현할 수 있다. 또한 마지막 직장처럼 일하겠다는 간절한 의지를 표현해 재취업에 성공하길 바란다.

06

전공을
살려라

젊은 날의 매력은 결국 꿈을 위해 무엇을 저지르는 것이다.
· 앨빈 토플러

재취업에 관심도 없던 지인 은혜는 자신의 전공인 헤어 미용을 썩히기가 아까워 봉사활동을 시작했다. 미용 봉사 동아리에 가입해 각 지역 어르신들을 대상으로 봉사활동을 시작했다. 은혜는 봉사를 진행하면서 남다른 보람을 느낀다고 한다. 외로운 어르신들의 말동무가 되어 드리면서 부모님께 더 잘해 드려야겠다는 생각과 함께 가슴이 따뜻해지는 삶을 살게 되었다고 말이다.

은혜가 재취업에 관심이 없던 이유는 헤어 미용을 배운 지 얼마 되지 않았기 때문이다. 관심 있는 분야의 자격증은 취득했지만 일터로 나가기까지 용기를 내지 못하고 있었다. 그때 마침 봉사활동을 선택하면서 경력을 조금씩 쌓아가고 있던 것이다. 여기에 어르신들과의 대화로 은혜는 인성까지 겸비하게 되었다. 그러면서 은혜는 재취업에 대한 용기가 생기기 시작했다.

더군다나 은혜는 봉사활동으로 어르신들에게 도움을 준다는 행복감을 가지고 있었다. 자신이 누군가에게 도움을 줄 수 있다는 의식이 생긴 것이다. 억지로 하는 일이라는 개념보다는 자신이 보람을 느끼면서 하는 일이라는 의식이 생기자, 일하는 즐거움을 느끼기 시작했다. 이제 은혜는 행복해지기 위해 출근하고 싶다고 이야기한다. 처음에는 도전이 무서웠지만 자신의 전공을 썩히기가 아까워 시작했던 봉사활동이 다른 길을 열어 준 것이다.

전공이 있다면 그것을 꾸준히 갈고 닦을 방법들을 생각해 보자. 재취업을 할 때 능력을 발휘할 수 있는 기회가 찾아올 것이다. 그리고 남들을 위해서 한다기보다 자신을 위한 전공이라고 생각하자. 은혜는 어르신들을 위한 봉사활동이 아니라 자신을 위한 일이라고 생각했다. 그러자 더욱 가치 있는 일이 되었다.

혹자는 봉사활동을 하며 대상자를 하위 인생으로 본다. 진학이나 취업을 위해 점수만 따는 봉사활동을 하는 사람들의 경우 봉사의 의미를 제대로 파악하지 못하는 상황을 보기도 한다. 자신이 대상자를 위해 희생한다고 생각하고 가치마저 무시한다. 이들은 어디 가서 일을 하더라도 오랜 시간 근무하지 못하고 이직을 반복할 것이다.

자신의 전공을 가치라고 생각하고 그로 인해 상대방이 편안함을 느낀다면, 무엇보다 가치 있는 시간을 보내게 된다. 나의 자존감은 올라가고 재취업을 하고 나선 전문가가 되는 것이다. 다양한 방법을 찾다 보면 전공을 살려 가치 또한 올릴 수 있는 일을 하게 된다.

잠자고 있던 전공을 살려 은혜는 만족스러운 재취업에 성공했다. 그저 환경과 시간에 맞춰 한 재취업보다 자신의 전공을 살린 재취업의 생명력이 훨씬 더 길다. 경쟁력을 치열하게 만들지 않을뿐더러 살아남을 가능성이 높기 때문이다. 전공을 살린 재취업에 경력을 쌓고 시간이 더해진다면 그 분야의 전문가가 되어 있을 것이다.

조금 더 빠른 시간 안에 성공하고 싶다면 자신의 전공을 살리는 방법을 찾아보자. 사회로 나갈 용기만 가진다면 전공을 가진 당신은 누구보다 멋진 전문가가 되어 있을 것이다.

07

전문성을
부각시켜라

세심한 전문성이 승패를 좌우한다.

• 출처 미상

재취업에 실패하는 이유는 사실 일자리가 없어서가 아니다. 잘 나가던 시절의 나를 내려놓지 못하기 때문이다. 그래서 당장이라도 할 수 있는 일을 시작하지도 않는다. '내가 고작 이런 일을 해야 해?'라며 다양한 합리화로 일하지 않는 핑계를 대기 바쁘다. 단언컨대 그 생각을 버리지 않는다면 기회가 와도 잡지 못하고 경단녀의 삶을 살게 된다.

나는 엄마라면 누구나 일을 시작하라고 주장한다. 나는 엄마로서 8년을 살았고, 여자로서 새로운 인생을 살아가고 있다. 다시 이전으로 돌아가기는 싫다. 결혼 전으로 돌아가라고 한다면 그건 더더욱 반대한다. 나는 결혼 전보다 지금 더 비상하고 있다.

한 분야에서 보통 사람이 할 수 없는 수준 이상의 수행능력을 전문성이라고 한다. 전문성은 오랜 시간 시행착오를 겪으며 훈련을 통해 만들어진다. 그러다 결혼을 하고 출산을 하며 경단녀가 되는 것이다.

어쩔 수 없는 현실이라고 보는가? 사회적 문제라고 보는가? 나의 관점은 다르다. 경력 단절의 시간을 겪지 않는다면 더할 나위 없이 좋겠지만, 어쩔 수 없는 상황에 놓여 단절이 시작되었다면 관점을 바꿔 보자. 자신 안에 잠재되어 있는 전문성을 더욱 빛나게 할 방법을 찾아보자. 새 출발의 길이 열리고 이전의 나보다 더욱 빛나게 할 수 있는 수단으로 작용하게 된다.

문제를 바라보는 관점을 바꿔야 한다. 전문성을 살리기 위해 그동안 자신이 해왔던 노력을 생각해 보자. 실패를 경험해 봤을 것이고, 전문성을 위한 노력 또한 게을리하지 않았을 것이다. 그렇다면 더 명확한 길이 보인다.

나는 사회생활을 하며 세 번의 사업 실패를 겪었다. 그리고 경력 단절을 극복하기 위해 직장생활을 하며 다시 사업을 추진했다. 잘나가던 시절의 나를 내려놓고 내가 할 수 있는 뷰티업종의 전문성을 살려 일을 시작했다. 현실에서 벗어나기 위해 작은 일부터 시작했다. 1만 원짜리 화장품을 팔고 용기를 얻었고, 10만 원의 화장품을 팔며 전문성의 감각이 되살아나기 시작했다. 그 사이 나의 전문성을 부각시키기 위해 자투리 시간을 활용해 나갔다. 다시 피부

생리학 공부를 해서 고객 응대를 할 때 전문가다운 모습을 갖추려고 노력했다.

100일도 안 된 아이를 안고, 우는 아이를 달래며 고객과 피부상담을 했다. 첫째 아이였다면 상상도 하지 못했을 일이다. '내가 뭐가 부족해서 그렇게까지 일을 해야 해?'라고 생각했을 것이다. 어쩌면 나를 바라보는 고객의 시선도 저마다 달랐을 것이다. '생활고가 얼마나 심하면 아이를 안고 벌써 일선에 뛰어들었어?', '아이엄마가 열심히 살고 있네' 등 다양했을 것이다.

하지만 나의 전문성을 부각시켜 일을 시작하니 그런 시선들은 전혀 문제되지 않았다. 한때 잘나가던 나의 모습을 내려놓으니, 기존에 내가 가지고 있던 전문성은 나를 더 빛나게 만들었다. 그리고 당당해졌다. 여기에 꾸준하게 현재에 최선을 다하기만 한다면 시간이 흘러 성공한 여성이 되어 있을 것이다.

잠시 자신을 내려놓고 전문성을 부각시켜 보길 바란다. 경력 단절은 끝이 아니라 새로운 인생을 알리는 시작일 뿐이다. 세상과 자신을 바라보는 관점을 바꾸고 작은 것부터 다시 시작해 보자. 재취업에 성공해 전문가의 모습으로 살고 있는 당신을 발견하게 된다.

08

눈높이를
낮춰라

경험은 또 다른 지혜임을 잊지 마라.
· 출처 미상

왕년에 잘나가지 않은 사람 있던가? 나도 마찬가지였다. 내가
소비자로서 당당하게 대접받으며 제품을 구매하던 시절이 있었는
데 이제 화장품 좀 사달라고 아쉬운 소리를 할 수 있을지 고민이
많았다. 8년 동안 돈벌이도 없었으면서 쓸데없이 자존심만 강해졌
다. 방문판매는 아줌마들이나 하는 것이라고 생각했다. 나도 아줌
마면서 말이다.

경력 단절의 시간 동안 일자리는 꾸준히 알아보고 있었다. 특별
하게 기간을 정해 놓고 꼭 일을 해서 돈을 벌어야겠다는 다짐만 없
었을 뿐이다. 그럼에도 불구하고 내가 일을 하지 못한 것은 '지금
이 일을 하려고 20대에 그렇게 일했나?', '나도 한때 잘나갔는데',
'나한테 맞는 직업이 있겠지'라는 생각에 사로잡혀 있었기 때문이

다. 그런 일들은 나에게 맞지 않은 옷을 입은 것과 같다고 혼자만의 착각에 빠져있었던 것이다. 그렇게 8년이 흘렀다.

취업에 대한 눈높이가 문제인 것은 나뿐만이 아니다. 이제 막 사회에 발을 내딛는 취준생들도 스펙을 쌓기 위해 많은 시간과 돈을 투자하면서 눈이 높아진다. 자신이 투자한 만큼 만족스러운 임금을 받지 못한다고 생각하기 때문이다.

나는 세일즈를 시작하고 개척활동을 위해 새로운 곳을 꾸준히 방문했다. 화장품 가방을 들고 정해진 동선에서 방문하면서 나만의 고객을 확보하기 위해 일했다. 일을 시작하기 전에는 새로운 곳을 방문해 화장품을 판매하는 것이 힘들 것이라고 생각했다. 결혼 전 일했던 로드숍 매장과는 다른 환경이기 때문이었다. 일을 하면서도 내가 이 일을 할 것이라고는 상상도 못했다는 말을 자주 했다.

장사를 하고 있는 매장에 들어가 점주에게 전단지를 건네면 처음에는 손님인 줄 알고 반겼던 점주의 표정이 금방 굳어졌다. 외면당하는 일은 다반사였다. 소비자에서 판매자로 위치가 바뀌면서 내 자존감은 내려갔다.

방문판매 일은 나에게 큰 용기가 필요했던 일이다. 내가 방문판매 일을 할 것이라고는 생각하지 못했고, 그 일을 하면 아줌마가 되었다고 선포하는 것만 같았다. 하지만 나의 전문성을 부각시킨다면 큰 문제가 되지 않을 것이라고 생각을 전환하기로 했다. 크게 어려움이 없는 일이었다. 그 분야에서 최고가 되면 되는 것이다.

생각이 변하고 나니 내가 할 수 있는 일들이 많다는 것을 알게 되었다. 지금부터라도 경력을 쌓아 전문성을 살려도 되는 것이다. 재취업은 전문성을 얼마만큼 살릴 수 있느냐와 앞으로 전문성을 키울 준비가 되어 있는지에 대한 선택이라고 생각한다. 나는 뷰티 업종에서 오랫동안 근무하며 점장이라는 직책으로 수년간 일을 했었다. 만약 내가 직책을 버리지 못하고 대기업에 들어가기 위해 시간을 투자했다면 가능했을까? 차라리 그 시간에 다시 나의 전문성을 살릴 수 있는 회사를 선택했기에 재취업에 성공한 것이다.

금융사에서 10년을 넘게 재직한 현주 씨는 1년의 경력 단절을 겪었다. 그녀는 재취업이 힘들 것이라고 상상해 보지도 않았다고 한다. 근무를 하는 동안 능력을 인정받았고, 퇴사를 하는 당시만 해도 많은 동료들이 아쉬워했다. 그녀는 다시 일을 하기 시작하기로 마음먹고 동종업계에서 재취업을 시도했다. 하지만 저금리로 인해 금융권 불황이 시작되고 경단녀였던 현주 씨를 받아줄 회사는 나타나지 않았다. 자신이 초라해지는 감정과 자존감도 내려가는 것 같아 우울감을 호소했다.

현주 씨는 자신감을 극복하기 위해 할 수 있는 일들을 찾기 시작했다. 전문 업체의 도움을 받아 현주 씨는 다년간 일해 온 경력을 살려 노후설계 상담사로 재취업을 했다. 어르신들을 대상으로 상담을 하면서 누구보다 보람을 느끼며 근무하고 있다.

재취업을 원하는 여성이라면 제일 먼저 자신의 상황을 정확하게 파악해 보자. 그리고 현실을 직시하자. 경력 단절의 시간이 길수록 취업문이 좁아진다. 상황에 맞게 나의 전문성을 살릴 수 있는 일이 무엇인지부터 찾아보길 바란다.

재취업에 성공하고 싶은데 경력을 어떻게 살려야 할지 모르겠다면, 현주 씨처럼 전문가의 도움을 받는 것도 좋다. 010.4193.3040으로 연락하면 당신의 전문성을 더욱 빛나게 해 줄 일자리에 대한 정보를 얻을 수 있다.

눈높이를 낮추는 일은 생각보다 쉽지 않다. 일자리가 그 사람의 간판이 될 수도 있는 사회 구조와 인식 때문에 많이들 고민하는 부분이다. 상황을 인정하고 눈높이를 낮추겠다고 마음먹었다면, 나를 원하는 회사에 맞춰야 한다. 자존감과는 관련 없다는 것만 명심하면 된다. 어떤 일이든 그 분야에서 최고가 되기 위해 노력하고 경험을 살려 전문성을 키워나간다면 성공할 것이다.

분명한 것은 연령대가 높아질수록 선택의 폭은 더 좁아진다는 것이다. 수많은 기회들을 놓치게 된다. 지금이라도 늦지 않았다고 생각하고 눈높이를 낮춰 전문성을 살릴 수 있는 일을 찾아라. 경험은 최고의 스승이다. 경험으로 전문성을 높이는 현명한 사람이 되어 자신에게 맞는 분야에서 최고가 될 수 있는 재취업을 하도록 하자.

09

직장이 아닌
직업을 찾아라

마음을 위대한 일로 이끄는 것은 오직 열정! 위대한 열정뿐이다.

· 커트 코베인

'나는 꿈과 비전을 가진 사람이 되고 싶은 것일까, 월급을 받는
사람이 되고 싶은 것일까?'

다시 재취업을 할 때 많은 고민을 한 부분이다. 내가 찾은 일자
리는 기본급이 있는 것이 아니었기 때문이다. 이 고민은 생각보다 짧
은 시간 안에 끝났다. 요즘 시대에 평생직장이라는 의미가 없다는
것을 안다면 그리 큰 고민거리가 되지 않는다. 월급 받는 직장보다
는 내가 하고 싶은 일을 찾아야 한다.

직장보다 직업을 찾아야 한다는 것은 경단녀라면 누구나 알지
않을까? 결혼 전 직장을 다녔던 여성들이 다시 그 회사에 재취업을
하는 경우가 얼마나 되겠는가. 회사 소속으로 나의 능력을 발휘한다
는 것은 회사 밖으로 나왔을 때 내 능력을 내세울 만한 곳이 사라진

다는 것이다. 하지만 직업을 찾는다면 나의 가치가 높아지면서 소득까지 연결되는 자부심을 가질 수 있다.

나에게 맞는 직업을 찾기란 생각보다 쉽지 않다. 내가 직업을 가져야겠다고 생각한 것은 직장을 퇴사하고 나서였다. 내 회사라고 생각하고 항상 열심히 일했었다. 나의 자리는 누구도 대체할 수 없다는 자부심을 가지고 일했다. 매출을 올리는 내 자신이 자랑스러웠다. 연봉이 올라가는 것은 나의 삶의 질과도 연관되어 있었다. 그러나 막상 회사를 그만두고 나니 나는 평범한 여성에 불과했다. 나의 자리는 또 다른 누군가가 금방 채웠다. 나는 앞으로 무엇을 해야 할까? 내가 다녔던 직장을 누가 알아 줄까? 회사는 이력서의 한 장을 채워 줄 뿐이다.

일을 다시 시작하는 사람들을 보면 세일즈 업무를 많이 한다. 나만의 차별화된 세일즈 기술이 있다면 평생직장이 되기 때문에 많은 이들이 세일즈 업무를 선호한다. 내가 재취업으로 세일즈를 선택한 이유이기도 하다. 회사가 변할 수는 있지만 세일즈 업무의 경력이 쌓인다면 평생직장으로 손색이 없을 것이라고 판단했다. 나는 육아를 하며 상황에 맞게 융통성을 발휘할 수 있는 직장이 필요했다. 상사의 눈치를 보지 않고 시간을 활용할 수 있는 업무라면 좋겠다고 생각하고 있었다. 그리고 지난 경험을 되살려 퇴사가 필요 없는 일이라면 금상첨화였다. 그런 고민 없이 나의 능력을 키우는 데만 집중한다면 성공적인 재취업이 된다.

다시 일할 수 있는 기회와 타이밍이 왔다고 생각했을 때, 나는 두려움을 안고 용기 있는 도전을 했다. 아이를 데리고 화장품 판매를 시작했을 때 나를 안쓰럽게 보는 사람은 없었다. 다만 그들은 정해진 곳에서 나를 기다리고 있었고, 내가 다니는 모든 곳이 나의 직장이 될 수 있다고 생각했다. 장을 보러 마트에 갔다가도 판매가 이루어지기도 했으며, 가족과의 여행에서 판매가 이루어지기도 했다.

일을 즐겁게 하고 있을 때쯤 이전의 나와 같은 고민을 많이 하는 육아맘들을 접하게 되었다. 일은 하고 싶은데 용기는 나지 않고, 어떤 일을 시작해야 할지도 모르고 방황하는 여성들이었다. 그 모습에 또 다른 용기를 냈다. 나와 같은 여성들이 근무하기 좋은 환경의 사무실을 오픈하는 것이었다. 내가 가진 직업으로 직장을 만들어 자유로운 분위기를 만들고 싶었다.

사무실을 오픈하기까지 많은 과정을 거쳐 나의 꿈은 하나씩 이루어지기 시작했다. 새로운 사람들과 인연이 되고 그들에게 좋은 에너지를 받으며 즐기면서 일할 수 있는 분위기가 만들어졌다. 만약 내가 계속 직장에 다녔다면 제약된 상황에서 나의 능력 또한 제약되었을 수 있었겠다는 생각을 했다. 나와 같이 일을 시작한 사람들 중 세일즈를 처음 접해 본 여성들도 있었다. 하지만 그들은 새로 찾은 일을 즐기면서 하기 시작했다. 결혼 전 직장생활에서는 찾을 수 없었던 자신만의 열정을 알게 되었다고 했다.

나에게 맞는 직업을 찾기 위해서는 무엇을 해야 할까? 직업을 찾기까지 나는 사회생활을 시작한 스무 살부터 지금까지 오랜 시간이 걸렸다. 의무적으로 회사를 다녔고, 퇴사 후 창업을 통해 나의 가게를 열었다가 실패하기도 했다. 그 과정을 통해 직업을 찾게 되었다. 이력서를 넣고 매일 출퇴근하는 직장을 찾는 것과는 달리, 직업을 찾는 것은 많은 시간이 걸릴 수 있다. 어쩌면 지금도 꾸준히 직업을 찾고 있는 중이라고 이야기할 수도 있겠다.

내가 생각하는 직업은 꿈을 이루는 일이며, 그 일이 소득으로 돌아오는 수단이다. 일을 하다 보면 꿈은 계속 생길 것이고, 새로운 일에 도전하게 될 것이다. 직업을 찾기 위해서는 하고 싶은 일이 무엇인지 찾아 자신만의 꿈을 그릴 수 있는지를 알아보면 될 것이다.

친구 규리는 나보다 조금은 더 수월하게 자신에게 맞는 직업을 찾아 자유롭게 일하고 있다. 사진 찍는 것을 좋아하는 규리는 아이에 대한 모든 것을 사진으로 기록하고 정리했다. 아이가 어느 정도 크고 일자리를 찾고 있을 때, 재취업을 포기해야 하는 상황이 있었다. 그럼에도 사진 찍기는 계속되었고, 우연한 기회에 여성인력개발 사이트를 접하게 되었다. 그곳에서 규리는 자신의 적성이 사진 찍기라는 것을 다시 한번 확인하고 직업군들을 소개받았다. 하지만 시간 제약과 거리 문제로 일자리를 쉽게 찾을 수 없었다. 규리가 일자리를 찾은 곳은 같은 취미를 갖고 있는 사람들이 모인 인터넷 카페에서였다. 사진 동호회 카페에서 한 여행사의 구인광고를 보고 연락을 한 규리는 시간이 허용되는 범위에서 일을 하기 시작했다. 그곳에서 또 다른 곳을 연결해 주면서 규리는 이제 사진 찍는 프리랜서로 일하고 있다.

직업을 찾은 사람들의 특성을 보면 자신을 끝까지 놓지 않았다는 것을 알 수 있다. 자신이 무엇을 좋아하는지 파악하려고 노력했고, 좋아하는 일을 찾았다면 직업으로 만들기 위해 결단력과 추진력을 보였다. 경단녀의 최대 고민거리인 육아를 문제 삼지 않고 열정으로 할 수 있는 방법들을 찾아 나갔다. 그 열정은 어떤 환경도 이겨 낼 수 있는 힘을 만들기도 한다.

월급을 받으며 직장에서 머무르는 사람이 될지, 꿈을 펼치면서 돈을 벌 수 있는 직업을 찾고 싶은 건지 생각해 보도록 하자. 직업을 찾고 싶다면, 그것을 찾는 열정 온도를 유지해야만 한다. 경단녀들에겐 많은 상황이 생길 수 있다는 것을 항상 염두에 두고 당연한 일이라고 여겨라. 그렇게 하고 싶은 일을 찾았다면, 직업이 될 수 있도록 결단력과 추진력을 보여라. 남들이 보기엔 쉬워 보일지 몰라도 큰 용기가 필요하다. 성공의 자리에 당신이 있을 수 있도록 직장이 아닌 직업을 가져 보자.

10

경력 중심으로
어필하라

경험은 무슨 일을 할지를 말해 주며, 자신감은 그 일을 할 수 있게 해 준다.
· 스텐 스미스

경력이 단절되고 새롭게 재취업을 하는 준비하는 사람에게 자기소개서 작성은 어려운 과제다. 아무 준비 없이 작성하게 된다면 재취업이 힘들어진다. 나를 고용하는 회사 입장에서 내가 인재라는 것을 알기 위한 방법은 자기소개서다.

재취업을 준비할 때 나의 경험과 경력들이 회사에서 충분히 인정받지 못한다고 느꼈다. 나의 관심사가 육아와 가정살림이었다고 알게 된 후부터다. 관심사가 온통 육아이다 보니 이전의 경력은 잊고 지내면서 자기소개서를 작성할 때 육아에 대한 이야기로 이끌려는 성향을 보인 것이다.

도서관에 갔다가 우연히 자기소개서를 작성하는 시간을 갖게 되었다. 너무 오랜 기간 동안 글을 적지 않아서인지 경력이 생각나지 않은 것인지, 생각보다 쉽게 글을 쓸 수 없었다. 내가 어디서 태어났고 어떤 가치관으로 살고 있으며 육아로 인해 일을 그만둬야 하는 상황이었다고 구구절절하게 작성했다. 내 능력과 경력이 아니라 인생을 표현하는 길고 지루한 글이 되어 버렸다. 그때까지만 해도 자기소개서의 의미와 중요성을 몰랐다.

취업을 위해 실제 자기소개서를 작성해야 했다. 내가 원하는 회사가 나를 선택해야 하는 이유를 적어야 했다. 나는 한참을 쳐다보기만 할 뿐 한 글자도 써 내려가지 못했다. 이전에 도서관에서 적었던 것과는 다르게 내 인생이 바뀌는 재취업이 된다고 생각하니 상당히 공을 들였던 것 같다.

오랜만이라고 표현하기 이상하리만큼 처음 써보는 것마냥 막막하기만 했다. 어떻게 하면 8년 동안 단절되었던 시간들을 면접관들에게 어필할 수 있을까? 첫 줄에 나를 알리고 싶다는 생각으로 많은 시간이 걸렸던 기억이 난다. 임팩트 있게 나를 표현할 수 있는 문구들과 책들도 찾아보기 시작했다.

이전 직장에서 매장을 운영한 경험을 바탕으로 적기 시작했다. 직원들과의 소통방법과 문제점을 해결한 나만의 방법들을 써 내려갔다. 이런 나의 경험으로 지금 취업하고 싶은 회사에 큰 도움이 될 것이라고 나를 어필했다. 직원들과 단합된 분위기 조성은 매출 향상이라는 성과를 나타나게 만들었고, 그로 인해 몇 개의 매장을 운영하게 되었다는 이야기를 작성해 나갔다. 내가 가장 신중하게 작성했던 부분은 경력 단절의 시간을 적은 부분이다. 나의 관심사는 육아와 가정이었기 때문에 자기소개서의 초점이 육아로 맞춰지지 않기 위해 쓰고 또 쓰고를 반복했다.

회사가 원하는 인재에 초점을 맞춰 경력 단절이 아닌 경력을 어필해 나갔다. 재취업하고 싶은 회사는 책임감과 리더십, 판매능력을 갖춘 사람이 입사하길 원했다. 나는 결혼과 육아를 위해 직장생활을 포기했지만 일에 대한 열정은 항상 가지고 있었다. 직장생활을 하며 알고 지내던 동료들과 꾸준한 소통을 했다. 그들에게 조언을 주기도 했고, 제품력에 대한 정보를 주어 간접 판매를 하기도 했다. 그런 스토리를 양식에 맞게 채워 나갔다. 퇴사를 한 후에도 회사에 대한 애정이 남아 있음을 알린 것이다.

경력 중심의 자기소개서를 작성하라. 나는 이 말조차 생소했다. 8년을 육아만 했는데 어떻게 면접관을 사로잡지? 하지만 결과적으로 나의 자기소개서는 좋은 결과를 가지고 왔고 이전 직장에서처럼 인정받으며 근무했다.

자기소개서를 작성하기까지 생각처럼 쉽지 않았다. 자기소개서로 회사에서 나를 판단한다고 생각하니 부담이 되었다. 다른 사람이 판단할 만큼의 경력이 내게 있었나? 곰곰이 생각해 보니 나는 꽤나 인정받는 사람이었다. 경력 중심의 자기소개서를 작성하다 보니 내 안에 있던 또 다른 나를 발견했다. 자신감이 상승했다. 성과를 내기 위해 했던 노력들이 새록새록 기억나기 시작했다. 나의 관심사가 가정과 육아가 아닌 '사회적인 나'로 바뀌고 있었다. 만약 내가 자기소개서를 가볍게 작성했다면 지금 이 자리에 없었을 수도 있다. 회사에 취업이 안 될뿐더러 내 열정을 발견하지 못했을 것이라 생각한다.

무엇인가를 적어 보는 것은 자신을 돌아볼 수 있는 좋은 수단이다. 경력 중심의 자기소개서로 회사가 나를 인재로 생각하게 만들어야 한다. 자존감을 표현하라. 면접에서도 큰 영향을 줄 것이다.

중국어를 잘하는 친구 선화는 면세점에서 면접을 보기로 했다. 일찍 결혼해서 아이는 어느 정도 자라 부모의 손길이 필요하지 않았고, 남편은 맞벌이를 선호해 가사 분담까지 같이 하기로 이야기가 끝난 상태였다. 무엇보다 면세점 근무 경력이 있어 지인의 소개로 면접을 보기로 했다.

면접을 보기로 한 날, 다른 사람도 같이 면접을 본다는 것을 알게 되었다. 소개로 면접을 보게 된 것이라 당연히 혼자 면접을 볼 것이라고 생각했었다. 그래서 별다른 준비 없이 간단한 자기소개서와 이력서를 지참하고 면접을 보러 갔다. 선화는 재취업에 성공하지 못했다. 같이 면접을 보았던 사람이 취업된 것이다. 면접관들은 서류를 보고 다른 사람에게 지속적으로 질문을 했다고 한다. 그리고 경력이 많지는 않았지만 한 곳에서 오래 근무하면서 낸 성과를 높이 평가했다고 한다. 그녀의 아이가 아직 어려 보살핌이 요구되었지만 회사가 원하는 인재라며 그녀를 선택했다.

반면 선화는 자기소개서에 자신을 제대로 표현하지 못해 면접관들에게 많은 질문을 받지 못했다. 이야기를 해 보니 어린 시절 살아온 환경부터 시작해 일을 그만두게 된 이유를 그냥 시간의 흐름대로 나열했다고 한다. 일을 하고 싶다는 열정이 그 어디에도 보이지 않았다. 그렇게 선화는 당연히 할 수 있을 것 같았던 취업을 못하고 또 다시 다른 일자리를 알아보고 있다.

경력 단절의 시간이 길수록 자기소개서의 중요성은 크다. 오랜 시간 사회와 단절되었기 때문에 일에 대한 두려움이 표현될 수 있다. 하지만 공을 들여 자기소개서를 작성한다면 다시 일할 수 있다는 자신감도 찾게 된다. 무엇보다 경력이 단절된 시간을 감안하고도 당신을 채용해야 하는 이유를 분명하고 명확하게 표현해야 한다. '회사가 원하는 인재가 바로 나'라고 놓쳐서는 안 된다는 의견을 종이 한 장에 표현해 보자. 경력 중심의 자기소개서로 회사에 필요한 인재임을 어필하도록 하자.

PART 4

: 구직 능력을
높이는
8가지 기술

01

국비지원제도를
활용하라

배움이란 일생동안 알고 있었던 것을 어느 날 갑자기 완전히 새로운 방식으로 이해하는 것이다.
· 도리스 레싱

취업을 원하는 대한민국의 국민이라면 꼭 국비지원제도를 알아야 한다. 나는 직장인이었을 때도, 취준생이었을 때도 국비지원제도를 활용해 자기계발을 하고 취업 준비를 했다. 국비지원교육제도는 '내일배움카드제'로, 카드를 발급받아 일정 금액의 훈련비를 지원받을 수 있는 방식이 있다. 그리고 전문 분야에서 기술적인 양성을 지원받을 수 있는 국가기간·전략산업직종훈련 두 가지로 나뉜다. 각 지역별로 교육이 진행된다. 요즘은 정부에서 취업에 대한 지원을 아끼지 않는 추세다. 경단녀들이 사회에 나올 수 있도록 많은 캠페인이 적극적으로 진행되고 있다.

다양한 사업을 시도하고 많은 실패가 있었음에도 재취업에 성공한 지인 미나가 있다. 미나는 다시 찾은 일로 행복과 돈 모두를 잡아 제2의 인생을 살고 있다. 사업 실패로 경제적인 어려움을 겪고 있던 그녀는 남편과의 이혼으로 혼자 생활을 꾸려가야만 했다. 하지만 자신감이 떨어져 취업은 생각지도 못하고 있었다. 그러다 국비지원제도를 알게 되었다. 평소 빵을 좋아하던 미나는 마지막으로 도전해 보자는 심정으로 국가의 제도를 활용해 제빵기능사를 취득했고, 지금은 한 조합원에 소속되어 본부장 자리까지 올라갔다.

요즘은 하나의 전문적인 기술이 있다면 취업의 길이 열리는 시대다. 더군다나 국가에서 취업의 방향부터 훈련, 구직활동까지 지원해 주고 있다. 조금이라도 관심을 가지고 취업을 하고 싶다는 마음만 있다면 전문 기술을 배워 구직 능력을 올릴 수 있다.

사업에 실패한 미나는 생계까지 책임져야 하는 상황에서 무언가를 배운다는 것이 사치라고 생각했을 수도 있다. 하지만 사업에 실패하면서 깨달은 것 중 하나가 전문성을 갖춰야 한다는 것이었다. 그래서 국비지원제도를 통해 기술을 배우기로 한 것이다.

미나는 내일배움카드를 활용해 학원비 지원을 받았다. 자신에게 필요한 프로그램을 선택해 최대 300만 원까지 지원받을 수 있는 혜택을 활용한 것이다. 직업 훈련 기간 동안 생계부담을 위한 훈련 참여 수당을 받아 생활하는 데 부담을 줄일 수 있었다고 한다. 어쩌면 나보다 더 안 좋은 환경에서 취업에 성공한 것이다. 내가 취업을 못한 것은 핑계에 불과한 것이었다.

현재 재직 중인 직장인들도 혜택을 받을 수 있다. 일을 하고 있는 사람들도 자신의 커리어를 높이기 위해 꾸준히 노력하고 있는데 경단녀인 우리가 그들보다 더 발 빠르게 움직여야 한다고 생각된다.

오랜 시간 동안 사회와 단절되었다면 국비지원제도 활용은 필수 코스다. 나에게 맞는 직업이 무엇인지, 적성에 맞는 일이 무엇인지 알기 위해선 많은 도전을 해 봐야 한다. 그럴 때 국가의 도움을 이용하자. 경력 단절의 공간을 채워줄 수 있는 전문성이 생기게 된다.

산후조리원에서 알게 된 유경 씨는 평소 우울증이 있었다. 시댁과의 마찰로 아이에게 신경질적인 모습을 자주 보이곤 했다. 자신의 그런 모습을 인지하고 잠시나마 해방되고 싶었던 유경 씨는 일자리를 찾기 시작했다. 처음 재취업을 한 곳은 마트였다. 그러나 얼마 가지 못해 일을 그만두고 두 번째 직장으로 카페에 취직했다. 이 역시 오랫동안 근무를 이어가지 못했다.

유경 씨는 자신의 문제점을 정확히 파악했다. 고객에게 받는 스트레스를 아이에게 풀면서 일에 대한 집중도가 떨어지는 것이었다. 우연한 기회에 심리상담사라는 직업을 알게 되면서 유경 씨는 국가의 도움을 받아 상담사 공부를 하기 시작했다. 미래에 유망한 직종이라고 추천되는 심리상담사는 다양한 분야에서 근무할 수 있는 좋은 직종이다. 유경 씨는 취업에 대한 목적도 있었지만 자신의 문제에 대한 해결책도 찾고 싶어 했다. 유경 씨는 만족하며 배움을 지속했고 아동심리 전문 분야로 취업했다.

이야기를 나누면서 유경 씨의 심리상태가 많이 안정되었다는 것을 알 수 있었다. 모든 점이 개선되지는 않았지만 자신의 감정을 컨트롤할 수 있게 되었고 무엇보다 더 이상 아이에게 스트레스를 풀지 않았다.

이처럼 전문성과 구직능력을 키우기 위해 노력한 모습들이 자신의 삶의 질에도 영향을 미치곤 한다. 어떤 일에 대한 열정만 있다면 취업뿐만 아니라 많은 것을 누리게 된다. W는 자신뿐만 아니라 아이에게도 심신의 안정을 가지고 왔으며, 그 경험을 되살려 아이들에게 좋은 선생님이 되어 주려 노력하고 있다.

취업을 준비하는 과정은 제2의 인생을 설계하는 이들에게 상당히 중요하다. 하지만 육아에만 전념하던 시간들로 혼자 구직활동을 하는 것에는 어려움이 따른다. 정부는 매년 일자리를 만들기 위해 여러 가지 제도를 도입하고 있다. 선거 시기에는 경단녀를 위한 정책을 내세워 사회로 진출할 수 있는 방법들을 적극적으로 모색하기도 한다.

네 아이의 엄마인 주연 씨는 15년 동안 경단녀로 살아왔다. 성장한 아이들에 비해 초라해지기만 하는 자신을 발견하고는 고용센터를 방문했다. 그녀는 그곳에서 상담을 진행한 뒤 법률사무소 취업에 대한 국비 지원 무료 교육을 받았다. 그 뒤 취업에 성공해 지금은 당당한 커리어우먼의 삶을 살고 있다. 오랜 시간 동안의 경력이 단절되었던 주연 씨는 교육을 이수하는 시간이 가장 힘들었다고 한다. 자신보다 젊은 층 사이에서 교육을 받는다는 것이 생각보다는 어려운 일이 될 수 있다. 그럼에도 그녀는 꿋꿋이 배움의 끈을 놓지 않았다. 취업을 성공하고 그녀의 인내심과 지혜로움까지 더해져 만족스럽게 지내고 있다.

재취업의 길은 어디서든 찾을 수 있다. 정보가 부족할 뿐이다. 외벌이로만 살아왔을 환경에서 교육비는 부담으로 다가오기도 한다. 그런 사람들을 위해 정부에서는 도움의 길을 열어 주고 있다. 재취업을 준비하거나 직장인이라면 자신의 전문성을 높이기 위해 많은 정보력을 갖추어야 한다. 국가의 도움을 받아 구직 능력까지 높인다면 우리의 가치는 더욱 올라갈 것이다.

국비지원제도를 똑똑하게 활용한다면 보다 좋은 조건의 재취업이 되기도 하며 직장생활과 함께 나의 가치도 올릴 수 있다.

02

정보를 탐색하고
활용하라

무슨 일을 하든 준비하지 않으면 실패를 준비하게 된다.
· 벤저민 프랭클린

취업을 할 수 있는 방법은 무수히 많다. 길을 가다가도 일자리를 찾을 수 있다. 하지만 어떤 취업 정보를 수집하느냐에 따라 재취업의 질이 달라진다.

내가 사업을 시작하고 알게 된 사실이 있다. 우리나라에는 정말 많은 화장품 회사들이 있다는 것이다. 들어 보지도 못한 제품부터 다양한 가격대의 화장품까지 수많은 화장품이 있다. 일을 시작하고 나서야 내가 우물 안 개구리였다는 것을 알게 되었다. 고객들도 마찬가지였다. 항상 사용하는 제품들만 고집해서 내가 소개하는 화장품을 생소하게 받아들였다. 어떤 일이든지 정보력이 부족하면 시대에 뒤처진다는 것을 깨닫게 되었다.

일을 하고자 할 때는 취업 정보를 수집해야 한다. 준비된 재취업은 내 꿈을 이룰 수 있는 도구가 되기도 하고, 생활에 필요한 돈 벌이까지 대비할 수 있다. 미처 알지 못했던 새로운 직업이 생기기도 하며 시대에 뒤처지는 직업이 있다는 것을 알아야 한다. 재취업을 하는 이유는 소득을 위해서다. 하지만 이를 활용해 내 꿈을 이룰 수 있다면 더할 나위 없이 최고의 직업이 될 것이다.

무엇을 좋아하는지 어떤 일을 시작해야 하는지 모르던 시절이 있었다. 눈으로 확인되는 것들만 알고 기존에 하던 일들에서 벗어나지 못하는 습관들이 있었다. 사무실을 오픈하고 다양한 제품과 회사들이 있다는 것을 알고 나서야 경쟁사들의 제품을 공부하기 시작했다. 거기서 멈추지 않고, 취업 정보를 원하는 경단녀들에게 회사를 알리는 업무도 게을리하지 않았다.

그러던 중 우연히 〈한국책쓰기1인창업코칭협회〉라는 곳을 알게 되면서 나는 새로운 직업에 관심을 갖게 되었다. 처음 그곳을 접했을 때는 너무나 생소했다. 온라인을 통해 다양한 분야의 직종들을 알고 있었지만 '1인 창업'이라는 말이 나를 끌어당겼다. 생각해 보니 나도 1인 창업이긴 한데 회사를 위해 일을 한다는 느낌을 받았다. 나는 〈한책협〉에서 진행하는 〈1일 특강〉에 참여했다. 거기서 김태광 대표 코치의 강의를 듣고 나서 자신을 퍼스널 브랜딩하는 작가의 길을 알게 되었다. 내가 생각하는 작가란 이미 성공한 사람들이고, 나와는 다른 세상에 살고 있는 사람들이었다. 하지만 〈한책협〉에서는 모두 작가로 불렸다. 평범한 사람의 인생을 책을 통해 비범하게 만들어주는 곳이었다. 나는 문화적인 충격을 받았다. 사고방식과 가치관 자체가 다른 곳이었다. 만약 〈한책협〉을 몰랐다면 나는 이 책을 펴내지 못했을 것이다. 정보를 알았다면 내 것으로 만들어 활용해야 한다. 그냥 지나친다면 절대로 내 것이 될 수 없다.

나는 〈한책협〉을 통해 알게 된 정보를 활용해 1인 창업을 준비했다. 경단녀 시절 막연하게 시간적, 경제적 자유로움을 얻을 수 있다면 최고의 직업이겠다고 생각한 것이 지금 내 앞에 펼쳐진 것이다. 내가 좋아하는 책을 많이 읽고 배움을 나눌 수 있으며 나의 경험으로 사람들에게 동기부여해 줄 수 있는 직업을 찾게 되었다. 창의성과 전문성을 갖춰 사람들에게 일자리를 창출해 준다면 내가 본래 사무실을 오픈했던 이유와 동일한 것이다.

정보를 얻어 새로운 일을 찾았다면 그다음에는 무엇을 해야 할까? 역시나 정보를 수집해야 한다. 1인 창업에 대한 정보다. 도움이 될 만한 정보들은 모두 수집해야 한다. 정보 수집은 취업뿐만 아니라 일상에서 습관화되어야 한다. 육아 정보 수집이나 취업 정보 수집이나 키워드만 달라지는 것이다. 시대에서 뒤떨어지지 않게 하는 습관이 되어야 한다. 정보 수집을 통해 새로운 일자리에 대한 꿈을 가지게 되고 그것을 활용해 새로운 꿈이 생기기도 한다. 취업 정보를 수집하고 활용한다면 꿈과 함께 소득이 생기는 문이 열리기도 한다.

취업에 대한 정보 수집이 부족해 준비되지 않은 삶을 살게 된 사람이 있다. 친구 연재는 지인의 권유로 홈페이지를 개설하는 데 100만 원을 투자했다. 홈페이지를 방문하는 사람들이 제품을 구매했을 경우 자신에게 소득이 생기는 구조였다. 재택근무로 할 수 있는 일이기에 연재는 자신에게 딱 맞는 직업이 될 수 있다고 생각했다.

첫 시작은 100만 원이었다. 하지만 제품을 구매해 상품화시켜야 하고 마케팅 비용이 필요하다는 이유로 지속적인 투자금액이 들어갔다. 쇼핑몰의 세계는 보통 사람들은 상상도 하지 못할 만큼 넓다. 준비되지 않았던 사업은 결국 실패했고 경제적 피해도 보게 되었다. 만약 일을 시작하기 전에 조금 더 부지런하게 동종업계나 유사한 사이트를 모아 정보를 수집했다면 지금과 같은 손해는 보지 않았을 것이다.

경단녀에게 취업은 창업으로도 연결될 수 있다. 경단녀의 약점이 될 수도 있는 것이 부족한 시간이라면, 자유롭게 시간을 쓸 수 있는 창업은 큰 매력을 지니고 있다. 하지만 정보가 부족하다면 사기를 당할 수도 있다. 사회와 단절되었던 시간을 현명하게 대처하기 위해서는 많은 정보를 수집하길 바란다.

육아만이 관심사였던 나는 다시 일을 시작하고 남들에게 뒤처지지 않기 위해 동종업계와 근무환경들을 비교하며 최대한 많은 정보를 수집했다. 그 덕분에 일을 시작하기 위해 찾아오는 여성들에게 각 회사의 장단점을 이야기해 줄 수 있었고, 각자에게 맞는 방향도 제시해 주었다. 그들뿐만 아니라 정보를 많이 알게 되면서 나의 전문성 또한 더 명확해졌다. 어떤 상황에서나 생각지 못한 질문들에 대해 준비된 자세로 이야기해 줄 수 있게 되었다.

제품을 홍보하러 들어간 자리에서 나와 같은 카운슬러와 마주친 적이 있다. 고객은 한 분이었지만 같은 제품을 홍보하러 온 것이다. 감사하게도 고객은 우리의 이야기를 모두 들어주었고, 자신이 기존에 사용하고 있는 제품에 대해 이야기했다. 생소한 제품이었지만 나는 다양한 정보를 알기 위해 공부해 왔기에 잘 알고 있었다. 그래서 고객에게 맞는 제품 사용법과 더욱 효과를 볼 수 있는 방법들을 알려 줄 수 있었다. 덕분에 고객에게 신뢰를 얻게 되었다. 내가 가진 정보력을 유용하게 활용한 일화다.

취업을 할 경우에도 마찬가지다. 회사에 대해 많은 정보를 알고 있다면 면접을 볼 때 생각하지 못한 질문에 당황하는 경우를 줄일 수 있다. 시대에 맞게 변화하는 모습으로 많은 정보들을 듣고 모으고 수집하라. 분명히 그것을 활용할 계기가 생길 것이다.

03

같은 목표를 가진
사람들과 만나라

세상을 보는 데는 두 가지 방법이 있다.
모든 만남을 우연으로 보는 것과
모든 만남을 기적으로 보는 것이다.

· 알베르트 아인슈타인

"목표가 없는 사람은 평생토록 목표를 가진 사람을 위해 일해야 하는 운명이다."

브라이언 트레이시의 말이다. 뚜렷한 목표가 있기에 아직 취업을 안 하는 친구가 있다. 결혼을 하고 그녀는 바로 퇴직을 준비했다. 육아에 전념하기 위해서가 아니었다. 자신의 목표를 달성하기 위해 선택한 것이다. 사무직 일을 하던 그녀는 책읽기를 좋아한다. 책을 통해 사람들과 소통하는 것을 행복해하며 감정에 대한 이야기로 사람들에게 긍정에너지를 전달해 준다. 그런 그녀에게는 감정에 대해 사람들에게 알려 주는 책을 출간하겠다는 목표가 있다.

목표라는 단어가 나에게는 낯설기만 했다. 꿈이라는 단어를 내가 자주 사용할 것이라 생각하지 못했다. 나는 일이 없는 평범한 아이 엄마로 살아가고 있었기 때문이다.

아이의 꿈과 미래에 집중되어 있는 삶을 살다가 나에게 집중되는 삶을 살고 나서는 꿈과 목표라는 단어가 어색하지 않다. 만나는 사람들이 달라졌기 때문이다. 의식적으로 만나는 사람들을 바꾼 것은 아니다. 나는 지금도 모든 사람의 가치는 소중하다고 생각한다. 그저 나의 관점이 변한 것뿐이다.

일을 하면서도 자신의 가치를 올리기 위해 도전하는 사람들 위주로 만남이 지속되었다. 사업을 성공으로 이끌기 위해 시작한 것 중 하나가 성공한 사람들을 만나는 것이었다. 그들을 만나면 내가 혼자서 찾지 못한 해답을 찾을 것이라고 생각한 것이다. 나보다 먼저 성공의 길에 들어섰으니 간접 경험을 할 수 있다고 생각했다. 내가 8년 동안 사회생활을 하지 않았기 때문에 남들과 같은 출발점에 서기 위한 나만의 노력이었다.

성공한 사람들을 만나면서 느낀 것은 사람들은 자신과 같은 부류의 사람들과 만난다는 것이었다. 성공한 사람들은 같은 목표를 가진 사람들과의 대화 속에서 동기부여를 받고, 사업에 대한 영감을 얻으며, 긍정의 기운을 나눠 가진다는 것을 알게 되었다.

앞에서 말한 친구는 다른 말로 경단녀다. 금전적인 소득이 없는 일상을 보내고 있기 때문이다. 하지만 난 소득이 있는 다른 사람들보다 그녀가 편하다. 원하고 이루고 싶은 목표가 같기 때문이다. 우리의 대화 주제는 하루 일과가 아니다. 앞으로 어떤 모습으로 살고 싶은지, 다른 이들에게 영향력 있는 사람이 되기 위해 무엇을 해야 하는지가 주를 이룬다. 긍정적인 이야기로 서로에게 힘이 되어 주는 것이다. 그런 만남은 일을 하면서도 좋은 영향력을 끼친다. 그녀는 곧 작가가 될 것이다.

다시 일을 하다 보면 분명 많은 마찰들이 생길 것이다. 그럴 때마다 극복하고 마음을 다잡으려면 상황을 대처할 힘과 지혜가 있어야 한다. 같은 목표를 이야기하며 보낸 시간들이 그 바탕이 될 것이다.

목표가 없는 사람들의 이야기 주제는 부정적인 내용이 주를 이룬다. 일할 수 없는 핑계만 찾기 바쁘다. 그저 시간만 때우다가 하루를 흘려보내는 사람들인 것이다. 만약 그런 분위기에서 일을 하게 되면 처리해야 할 업무가 잘 풀리지 않을 때 해결방법을 찾기보다 할 수 없는 이유를 만들어 내기 시작한다. 그렇다면 일을 성공적으로 끝낼 수 있을까? 원하는 소득을 가져갈 수 있을까? 중도에 포기하게 된다. 같은 일을 하더라도 누군가는 성공하고 누군가는 제자리걸음을 걷는다. 목표가 없는 사람들은 사무실을 지키기만 하는 무리에 속할 것이고, 목표가 뚜렷한 사람들이 그들을 이끌게 될 것이다. 일에 대한 그릇의 크기가 다르다는 이야기다.

당신은 어떤 무리에 속하고 싶은가? 지금 주변을 둘러보길 바란다. 어떤 사람들로 가득한가? 그들이 곧 당신의 미래다.

사무실에서 매출 향상을 위해 이벤트를 진행한 적이 있다. 목표치를 달성하면 사은품을 지급하고 다양한 혜택을 받을 수 있었다. 직원들은 두 분류로 나누어졌다. 목표 달성이 힘들 것이라고 말하는 사람들과 도전해 보자는 사람들이었다. 그들의 대화는 확연하게 차이 났다.

　도전을 택한 사람들은 목표를 달성하기 위해 해야 할 것들을 찾아 나서기 시작했다. 제일 큰 변화는 표정이었다. 일이 재미있다고 느끼게 된 것이다. 목표를 달성하기 위한 열정은 당당한 표정으로 드러나면서 고객에게도 전달되었다. 그 당당함에 고객은 매력을 느꼈다.

　반면, 처음부터 목표 달성을 못한다고 생각하고 일을 시작한 사람들은 힘들다는 이야기로 하루를 시작했다. 누군가 열심히 해 보자고 이야기를 꺼내도 고개만 절레절레 흔들 뿐이었다. 현실적이지 않다는 것이었다.

　시간이 흐를수록 목표 달성에 도전하는 무리 쪽의 사람들이 많아졌다. 불가능하다고 생각했던 사람들조차 그들의 열정에 이끌려 생각을 바꾼 것이다. 이처럼 누구를 만나느냐에 따라 소득도 달라지고 일상에서 즐거움을 찾는 방법도 달라지게 된다.

　내가 누군가를 만나는지에 따라 나의 인생이 변한다. 이전에 내가 만나던 사람들은 놀이터에서 아이의 일상을 이야기하며 하루를 보냈다. 만약 나의 목표가 아이와의 행복한 일상이라면 그런 대화도 전혀 문제가 되지 않는다. 하지만 나의 목표는 꿈을 가지고 일하는 내 모습이었다. 그러니 나는 꿈을 위해 일을 하는 사람들을 만나야 한다. 같은 목표를 가진 사람들과의 만남은 서로에게 힘이 되어 주기도 하며 동기부여가 되어 일에 대한 능률이 더 오른다.

자신이 원하는 분야에 취업하고 싶다거나 전문성을 가지고 싶다면 그들이 모여 있는 곳으로 가라. 나는 그곳을 '꿈을 그리는 곳'이라고 부른다. 목표의식을 가진 사람들은 그렇지 않은 사람들에 비해 시간을 활용하는 방법부터 다르다. 같은 시간이 주어졌음에도 불구하고 다른 결과를 가지고 온다. 구체적이면서도 쉽지 않은 목표를 달성하기 위해 다양한 방법들을 만들어 내려고 행동한다. 그 과정에서 또 다른 자신을 발견하기도 하며 전문성과 구직 능력을 키울 수 있는 자신만의 방법들이 갖춰지게 된다. 그리고 목표의식이 없는 집단에 들어가 자신이 쌓아온 역량들로 집단을 이끄는 힘을 발휘하기도 한다. 같은 목표를 가진 사람들과의 만남으로 자신의 또 다른 모습을 발견하기도 하는 것이다.

재취업으로 나는 새로운 미래를 꿈꾸고 있다. 같은 목표를 가진 사람들과 만나 또 다른 목표를 만들어 냈고 많은 것을 배움으로써 내 것으로 만들어 내는 과정을 거쳤다. 당신 역시 지금보다 빛나는 미래를 꿈꾸고 있다면 만나는 사람들부터 변화를 주어라. 꿈을 그리는 곳으로 자신의 자리를 옮기게 된다면 재취업뿐만 아니라 꿈이 이루어진다.

04

필요하다면
자격증을 취득하라

할 수 있다고 믿어라. 그러면 이미 반은 이룬 것이다.
· 시어도어 루스벨트

나에게는 잠자고 있는 자격증들이 있다. 당시만 해도 자격증을 취득하면 내 신분이 올라가거나 소득이 생길 수도 있겠다는 기대를 했다. 지금 당장은 활용할 일이 없어도 미래에는 보탬이 될 것이라며 취득한 자격증들이다. 하지만 지금 와서 보니 정말 필요한 자격증에만 에너지를 쏟는 게 답이라는 것을 알게 되었다.

나는 유통관리사를 준비했다. 합격하던 날, 그동안의 투자에 대한 보상을 받는 기분이었다. 매장 업무를 하면서 나에게 맞는 자격증을 취득해서 자기계발을 해 볼까 하고 찾은 것이 자격증 취득이었다. 나중에 결혼하고 일할 곳이 없을 때 유용하게 사용할 수 있을 것 같아 미리 취득해 둔 것이다. 유통 업무에 지원할 때 마케팅과 경영 관련 이력서에 한 줄 정도 더 채워 넣기 딱 좋은 것이 자격증이라고 생각했다.

결혼 후 틈틈이 재취업에 도전하며 이력서를 제출했다. 빈 공간을 채우기 딱 좋은 자격증이 세 개 있었다. 하지만 내가 면접을 본 곳들에서 단 한 번도 그 자격증들에 대한 질문을 하지 않았다. 앞으로도 계속 재취업에 도전해야 하는데, 다른 자격증을 취득해야 하는지 고민했다. 그렇다면 어떤 자격증을 취득해야 취업의 문이 열릴지 생각했다. 인터넷으로 유망자격증을 검색해 봤다. 많은 사람들이 자격증을 따서 취업에 성공한 사례들을 보며 나도 자격증만 따면 금방 취업이 되고 그 자리에 있을 것만 같았다. 하지만 내가 가진 자격증들도 유망자격증에 속하는 것을 봤을 때 왜 나는 아직도 경단녀인지 궁금했다.

아는 동생인 지희는 학생들에게 음악을 알려 주고 있다. 지희의 취미는 자격증을 취득하는 것이다. 수시로 나에게 전화해 자격증을 취득해 놓으라고 했다. 엄마들이 유용하게 사용할 수 있는 자격증에 대해 친절하게 설명해 주는 지희의 이야기를 듣고 있으면 내가 너무 안일하게 생활하고 있다는 생각이 들었다. 나 혼자 집에서 아이만 보고 아무것도 안 하고 있는 것 같았다. 지희의 자격증은 10개가 넘는다. 앞으로도 꾸준히 도전할 것이라고 한다. 하지만 아이러니하게도 음악을 가르치는 지희에게는 음악과 관련된 자격증이 없다. 자격증을 취득하는 이유를 묻자, 앞으로 자신이 어떻게 될지 모르니 미리 준비해 놓는 것이라고 했다. 내가 볼 때는 자격증 중독 같았다. 지금 하는 일에서 전문가가 되면 아무 문제가 없을 텐데, 일을 그만둘 생각을 하고 자격증을 취득하다니 이상했다. 그리고 지희는 쉽게 일을 그만두고는 했다. 그 이유는 여러 가지였다. 자격증이 책임감이나 일에 대한 자부심을 알려 주는 것 같지는 않다. 나는 지희에게 자격증을 준비할 시간에 대화법을 공부하거나 좋은 선생님이 되기 위한 방법들을 생각해 보는 것은 어떻겠냐고 했다. 지희는 역시나 학생과 학부모를 탓했다. 자격증이 쌓이는 것만큼 그 사람에 대한 신뢰도도 같아 쌓이는 게 아니라는 것을 다시 한번 확인할 수 있는 계기가 되었다.

나에게는 피부관리사 자격증이 있다. 다시 시작한 일은 뷰티업종이다. 많은 지식과 스킬이 필요한 업무다. 하지만 피부관리사 자격증을 들고 다니며 자랑하지 않는 이상 큰 도움이 되지는 않는다. 오히려 고객을 대하는 태도와 숙련된 제품 설명 등으로 나의 능력이 판단된다. 사무실에서 같이 일하는 카운슬러는 네일, 피부 관리 등 미용 관련 자격증을 여러 개 준비하고 있었다. 그녀의 꿈은 토탈뷰티숍을 오픈하는 것이다. 그러기 위해서 꼭 필요한 자격증들이다. 일과 함께 자기계발에 많은 시간을 투자한다. 꿈이 있기에 육아와 일, 공부를 동시에 하면서도 힘들어하지 않았다.

나는 화장품 판매를 하고 있지만 피부관리사 자격증이 유용하게 사용되지 않는다. 내가 바라는 것은 뷰티숍 오픈이 아니기 때문이다. 일을 하면서 내가 도전해 보고 싶은 자격증은 CS 강사 자격증과 PC 업무 관련 자격증이었다. 강사 자격증을 취득해 놓으면 교육을 진행할 때 많은 도움이 될 수 있을 것이다. PC 활용 자격증 역시 마찬가지다. 배워 놓으면 좋을 것 같았다. 없는 것보다 있는 게 낫지 않겠는가.

하지만 나는 결국 자격증을 취득하지 않았다. 투자한 시간과 비용에 비해 얻을 수 있는 이득을 생각해 보고 결론을 내릴 수 있었다. 나에게 필요한 것은 자격증이 아니라 경험이었다. 많은 강의를 하고 많은 사람들을 만나며 필요한 것들을 직접 수집하는 것이 나를 위한 자격 조건이라고 생각했다. 나의 전문성을 올리기 위해 필요한 것은 자격증이 아닌 경력이라고 생각하니 자격증을 취득하지 않는다고 해서 남들보다 뒤쳐지는 것이 아니라는 결론이 나왔다.

경력 단절 시절, 자격증 취득을 하면 취업에 도움이 된다는 이야기를 심심치 않게 들었다. 더 좋은 조건으로 나의 가치를 올리기 위해 자격증이 하나의 수단이 될 수도 있다. 자격증을 취득하기 위한 노력을 생각해 보자. 시간과 비용 그리고 출산하고 잘 돌아가지 않는 머리… 기억력이 예전 같지 않다. 그럼에도 불구하고 취득했다는 것은 자신의 만족을 위해서다. 자격증을 취득한다 해도 취업 전선에 뛰어들지 않으면 아무런 의미가 없다.

나는 실무에 사용할 수 있는 자격증이 있다. 하지만 그 자격증을 이용해 취업 준비를 하지 않았다. 일은 하고 싶었지만 피부관리사가 되고 싶은 것은 아니었다. 나와 같이 일을 하며 많은 자격증을 준비하던 카운슬러는 자신이 하고 싶은 토탈뷰티숍을 오픈하기 위해 그것들이 필요하기에 노력한 것이다. 자신이 하는 일에 필요한 자격증은 있을 수 있다. 자격증을 취득하면 연봉이 올라간다거나 업무에 도움을 줄 수 있다면 준비하는 것이 맞다.

하지만 자격증이 그 사람의 사회성이나 근무태도를 나타내는 것은 아니다. 자신이 하고 싶은 일에 필요한 자격증이라면 도전해 취득하기 바란다. 하지만 남들이 하니까, 유망직종이라서 하지도 않을 일에 시간과 비용을 투자하지는 마라.

취업 면접을 볼 때 면접관이 내 자격증에 대해 이야기하며 일을 잘할 것 같다고 한 적은 단 한 번도 없었다. 차라리 필요한 자격증이 있다고 한다면, 근무를 하며 그에 도전하는 열정을 보이겠다고 표현하는 편이 더욱 유리할 것이다. 재취업을 원하거나 전문성을 살리기 위해 자격증을 준비하고 있다면, 진정으로 나에게 필요한 것인지 실무에 어떤 도움이 될지를 따져 보도록 하자. 자격증을 취득하는 데는 많은 투자가 필요하다. 남들 다 하니까 해야 한다는 조바심을 갖지 말고, 하고 싶은 일에 도움이 될 만한지를 꼼꼼히 따져 자격증을 취득하도록 하자.

강의와 세미나에
참석하라

배움이란 것은 우연히 얻을 수 없다. 그것은 타는 열정으로 구해야 하며,
부지런함으로 참여하는 것이다.

· 애비게일 애덤스

첫째 아이를 임신하고 정말 미친 듯이 쫓아 다녔던 것 중 하나
가 있다. 바로 태교 강의다. 몸에 무리가 되지 않는 한 갈 수 있는
곳은 최대한 많이 다녔다. 혼자서 열심히 태교 강의를 다니며 얻을
수 있는 것들을 모두 얻기 시작했다. 좋은 글귀와 아이를 어떻게
키워야 잘 키우는 것인지 태교를 잘하기 위한 많은 정보들을 공유
했지만 지금 생각해 보면 하나도 기억이 나지 않는다. 내가 강의를
쫓아 다녔던 이유는 하나다. 사은품을 받기 위해서였다. 출산 후
살림에 보탬이 되기 때문이었다.

육아를 하면 생각지도 않은 금액이 많이 들어간다는 이야기를
들었다. 그리고 아이들 옷은 어찌나 비싼지, 손수건 하나라도 얻으
려는 심산으로 열심히 쫓아 다녀 육아용품을 모았다. 나에게 태교

강의는 돈을 아낄 수 있는 수단이었다.

분명히 좋은 내용들이 있었을 거야, 많은 정보를 얻었을 거야 생각해 보지만 특별한 기억은 없고 각종 분유 광고와 이벤트로 받은 선물, 그리고 추가로 사지 않아도 되는 가제 손수건이 모일 때마다 만족스러웠다.

재취업을 준비하면서 여러 기관에서 운영하는 강의를 알아보았다. 나는 사람들과 어울리며 꿈에 대해 이야기하는 것을 좋아한다. 꿈과 비전에 관한 강의가 있다면 등록하고 시간적 여유가 될 때 참석하려고 했다. 하지만 끝내 참석하지 못했다.

회사에 입사 후에도 강의를 들을 수 있는 자리에 참석하게 되는 경우가 많았다. 좋은 이야기들이고, 맞는 이야기들이다. 뷰티업종에서 제일 많이 참석하게 되는 강의는 세일즈 업무에 대한 강의다. 듣다 보면 나의 문제점도 보완할 수 있고 현장에서 활용할 수 있는 스킬도 익힐 수 있다.

세일즈만 10년 정도 경력이 있던 나였지만 경력 단절의 시간 동안 나도 녹슬었나 보다. 고객을 만날 때 자신감은 온데간데없고 목소리는 떨리는 데다 판매 스킬도 많이 부족했다. 새로 일을 시작하면서 도움을 얻고자 세일즈 관련 강의에 관심을 가졌다. 마침 나와 코드가 잘 맞을 것 같은 분을 SNS에서 알게 되고 스케줄이 맞는 타이밍을 기다리고 있었다. 그러다 회사에서 주최하는 세일즈 강의를 듣게 되었다. 세일즈 역량강화 초대 강연으로 이루어졌다. 그때 내가 듣고 싶어 했던 강사님이 나오셨다. 'CPCS교육원'의 김은혜 원장님이었다.

그동안 세일즈 관련 강의를 많이 들었지만, 그날의 강의가 최고였다. 경단녀들은 자신의 잠재능력을 알지 못한다. 육아와 사회 단절로 인해 자신의 능력이 어떤지 잠시 잊고 있기 때문이다. 능력을 다시 찾기 위해서는 강연과 세미나를 참석하라고 권유하고 싶다.

나의 경우, 세일즈 역량이 내 경험에 비해 발휘되지 못하고 있다고 생각했다. 그때 마침 김은혜 원장님의 강연을 들었던 것이다. 앞으로의 방향과 고객 접대 방법, 구매까지의 다양한 노하우를 알게 되었다. 무엇보다 일을 해야 하는 동기부여가 제대로 되었다. 이처럼 강연과 세미나는 나를 한 단계 업그레이드시킬 수 있는 최고의 자기계발 중 하나다.

생각해 보니 경단녀 시절 다시 일을 시작할 때 가장 부족했던 것이 자신감이었다. 그리고 일을 다시 시작했을 땐 업무에 대한 이해도가 떨어진다고 느꼈다. 그래서 나는 전문성을 키우고 싶었다. 그러기 위해 세미나에 꾸준히 참석했다. 그 과정에서 나는 재미있는 사실을 발견했다. 강연에는 여러 종류가 있다. 다른 지역에서 근무하는 한 카운슬러 역시 강의에 많이 참석하고 있었다. 나와 같이 가자고 제안했지만 선뜻 가지는 않았다. 바로 비용을 지불하는 것이 마음에 들지 않는다는 이유에서였다. 그녀는 좀처럼 매출을 향상시키지 못했다. 매출을 올릴 수 있는 방법을 찾기 위해 나와 같이 강연에 가자고 했지만 다 비슷한 내용이라며 참석하지 않았다. 시간이 지나도 그녀의 매출은 오르지 않았고, 결국 다시 경단녀가 되었다.

오래 전 내가 찾아다니던 태교 강의가 생각났다. 거기서 해답을 찾을 수 있었다. 비용을 지불하지 않는 무료 강의라면 거기서 듣는 노하우나 자료들 역시 가볍게 받아들인다는 것이다. 가치를 잘 모르기 때문에 내 것으로 만들지 않거나 다른 사람 이야기하듯 하게 된다. 나 역시도 태교 강의를 들으러 다닐 때 물질적으로 받았던 것들만 기억나지, 거기서 들은 정보들은 기억에 없다. 오히려 훗날 아이를 출산한 뒤 참석한, 비용을 지불한 강의에서는 메모까지 해가면서 더 많은 정보들을 얻어왔다.

그 카운슬러도 마찬가지였을 것이다. 자신이 필요해서 돈을 지불하고 들은 강의 내용은 하나라도 자신의 것으로 만들기 위해 메모하고 수집한다. 그리고 같은 성과를 내고자 그대로 실천하게 된다. 돈을 받고 강의를 진행하는 강사 역시 한 명에게라도 더 노하우를 알려 주고 그들의 성공을 바라는 마음으로 강의를 진행한다. 강의를 듣고 성공하는 사람이 나온다면, 서로에게 시너지 효과가 있는 것이다.

나는 성공한 사람들과 단 한 번도 무료로 만난 적이 없다. 적게는 10만 원에서 많게는 100만 원을 넘는 돈을 내며 만남을 가졌다. 그 안에서 깨달은 것이 있다. 투자비용만큼 내 것으로 만들기 위해 최선을 다해 노력했다는 것이다. 그리고 그 노력은 다시 나에게 소득으로 돌아왔다. 이 법칙을 알고부터는 아낌없이 투자하기 시작했다. 이 법칙을 좀더 일찍 알았다면 나는 경단녀 시절부터 강의와 세미나에 많은 투자를 했을 것이다.

경제적으로 힘들수록 투자를 하는 게 맞다. 하지만 지금 내가 일을 하고 얻고자 하는 것을 얻었기에 이야기할 수 있는 부분이다. 만약 내가 경단녀 시절 이런 이야기를 들었다면 고민만 했을 것이다.

우선 마음과 귀를 열고 자신이 본받고 싶은 롤 모델을 선정하거나 일하고 싶은 분야의 전문가의 강의와 세미나를 들어라. 그 후에 자신의 가치를 올려 전문성을 살리고 싶다면 아낌없이 강의와 세미나에 참석하라. 누구나 알고 있는 정보를 돈을 받으며 강의하지는 않는다. 떳떳하게 비용을 지불하고 남들이 알지 못하는 노하우를 자신의 것으로 만들어 전문성을 살리기 바란다.

재취업 시 자신의 전문성과 구직능력을 높이고 싶다면 강의와 세미나에 참석하라. 자신의 가치를 높일 수 있는 수단이 되기도 하며, 다양한 사람과의 인맥을 형성할 수도 있다. 일을 원하는 사람들에게는 동기부여가 되기도 한다.

나는 각종 강연을 다니며 강사의 자리에 내가 있기를 소망했다.

강사들도 자신 또한 평범한 사람이었다는 것을 강조했다. 나는 지금도 좋은 강연이 있으면 비용을 지불하고 나의 미래를 위해 투자하고 있다. 다른 사람의 인생과 깨달음을 비용을 지불해 내 것으로 만드는 것이 시간을 아끼는 비결이다.

당신도 주변에 강연과 세미나가 있는지 알아보고 어디든지 다녀볼 것을 권한다. 내가 고민하고 있을 때 다른 사람들은 벌써 행동하고 있다는 것을 알게 될 것이다. 성공적인 재취업을 위해 전문성을 높일 수 있는 강연과 세미나에 참석해 보자.

06

책 100권 읽기로
전문성을 확장시켜라

평생 배우기에 힘써야 한다. 정신에 담고 머리에 집어넣는 것,
그것이 우리가 가질 수 있는 최고의 자산이다.

· 브라이언 트레이시

재취업이 되고 나서 나는 그해 12월에 사무실을 오픈했다. 일과 가정을 꾸려 가야 하는 가장이 되었다. 하지만 생각처럼 많은 매출이 발생하지 않았다. 맹추위에도 나는 전단지를 들고 높은 힐을 신고 무작정 밖으로 나갔다. 가만히 앉아 있기에는 미래가 두려웠다. 그해 겨울은 어느 때보다 추웠던 기억이 난다. 오랜 기간 육아만 전념하던 시간에서 벗어나 세상 밖으로 나와 보니 현실은 더 냉정했다. 그 어려운 시간들을 이겨 낼 수 있게 도와준 것이 바로 책이었다.

추운 겨울, 밖에서 전단지를 돌리느라 몸이 급속도로 안 좋아졌다. 이렇게 하다가는 일도 가정도 놓칠 것 같다는 생각에 머릿속은 복잡하기만 했다. 어떻게 해야 성공할 수 있을지 도무지 방법을 몰랐다. 그때 나보다 먼저 이 길을 걸어간 사람들의 지혜를 얻어야겠

다는 생각이 들었다. 같은 분야에서 성공한 사람들은 많을 테니 내가 처한 문제들을 해결할 방법들을 찾을 수 있겠다는 생각으로 세일즈 관련 도서들을 무작정 구매하기 시작했다.

생각해 보니 출산을 하고 육아에 대한 정보가 부족했을 때도 나는 육아 관련 서적의 도움을 많이 받았다. 일명 '책 육아'를 했던 것이다. 다양한 육아 서적을 보며 내가 느낀 것은 절대 한 권의 책으로 가치관을 확립시켜 자녀를 키우면 안 된다는 것이었다. 여러 각도에서 판단할 수 있게 다양한 책을 접하고 내 것으로 만들어야 한다.

나는 세일즈 관련 책들을 여러 권 구매해서 매일 시간을 정해 놓고 무슨 일이 있어도 책을 읽었다. 처음에는 전체적으로 읽었다. 그러다가 일을 하며 비슷한 상황이 있을 때 저자는 어떻게 대처했는지 중간중간 보며 다시 읽었다.

독서를 하며 느낀 것은 책은 절대 한 번만 읽어서는 안 된다는 것이다. 이전의 나는 한 번만 읽고 좋은 글귀나 내용은 메모를 하는 정도에서 끝내고 다시 그 책을 읽는 경우는 드물었다. 하지만 절박한 마음에 책을 읽다 보니 내 상황에 맞게 다양한 글들이 눈에 다시 들어오기 시작했다. 같은 내용이었지만 내가 얻는 것은 매번 달랐다.

추운 날씨와 더운 날씨에 지금처럼 고생하고 싶지 않았다. 신규 고객을 확보하기 위해 대화법이나 판매 스킬에 도움이 될 만한 책들을 선정해 하나씩 읽어가며 내 것으로 만들었다. 그렇게 하다 보니 다른 분야의 책들도 눈에 들어왔다. 사업에 도움이 될 만한 경영서적들도 하나씩 읽기 시작했다. 처음 책을 고를 때는 베스트셀러 위주로 선정했다. 남들이 읽는 것은 나도 읽어야 할 것 같다는 생각에서였다. 시간이 지날수록 유명한 책보다는 나에게 도움이 될 만한 책을 고르는 눈이 생기기 시작했다.

긍정적인 마인드를 가지기 위해 읽는 나만의 책이 있다. 웨인 다이어의 《확신의 힘》이다. 많은 책을 거쳐 이 책을 찾았다. 만약 처음부터 이 책을 읽었다면 그저 지나가는 책이 될 수도 있었겠다는 생각이 든다. 많은 책을 읽으면서 지식의 폭이 넓어지는 것을 느끼며 나와 맞는 책과 나에게 필요한 책을 선정했다.

일을 하다 보면 상처받는 상황이 생기기도 하고 부족한 자신을 발견할 때도 있다. 그럴 때마다 힘들다고 낙담하기보다는 힘낼 수 있는 나만의 방법을 찾아야 한다. 내가 찾은 방법은 '책 100권 읽기'다. 나는 이 방법을 주위 사람들에게도 추천한다. 100권을 읽는 동안 성장하는 자신을 발견할 수 있기 때문이다.

나는 책 100권 읽기 플랜을 세웠다. 독서는 여유 시간에 하는 것이 아니다. 하루 일과 중 독서 시간을 마련해 두어야 한다. 꾸준한 독서의 힘은 나를 전문가로 만들어 놓는다.

일을 하기 전 아이가 하나였을 때는 책을 읽을 시간이 없다고 생각했다. 하지만 책을 읽고 바뀐 나 자신을 보고 나서부터는 어떤 상황에서든 책을 읽을 수 있는 환경을 만들어 놓는다. 거실에 TV를 치우고 큰 테이블을 들였다. 저녁을 먹고 우리 가족은 매일 하루 한 시간씩 각자 책을 가지고 와 읽는다. 그곳에서도 전쟁은 벌어진다. 둘째는 책을 뺏기 바쁘고, 첫째는 뺏기지 않기 위해 전쟁을 치르는 것이다. 하지만 그 안에서도 단 한 줄의 내용이라도 내 것을 만들 수 있는 시간이 허용된다. 그리고 그런 습관들은 가족 모두가 책을 읽는 분위기를 만들어 갔다.

나의 본격적인 책 읽기는 아이들이 잠들고 나서 시작된다. 100권이라는 수량을 채우기 위해서 하는 것이 아니다. 나를 전문가로 완성시키기 위한 훈련이다. 선정된 100권의 책 중에 깨달음을 주는 것들을 온전히 내 것으로 만들 수 있는 훈련이다.

한 권의 책을 열 번 정도 읽은 적이 있다. 읽을 때마다 다른 내용들이 다가왔다. 이처럼 자신에게 맞는 책을 찾았다면 여러 번 읽어 보기를 권한다. 처한 상황에 따라 깨달음을 주는 부분이 다르기 때문이다.

처음에는 가벼운 마음으로 책을 읽다가 공감 가는 부분에는 밑줄을 긋고 메모를 하며 책을 읽어 나간다. 저자의 깨달음이 표현된 부분에 내가 경험했던 상황의 이야기나 앞으로 해볼 수 있는 방향들을 적어 보기도 한다. 한 권의 책을 읽는 데 3일 이상 넘기지 않으려고 의식적으로 노력한다. 다 읽고 난 후에도 그 책이 필요하다고 느끼는 날이 생길 것이다. 그때 다시 읽어 보라. 새로운 감정들을 느끼게 되고 다른 깨달음 또한 얻게 된다. 메모해 놓은 것을 보고 내가 했던 생각들을 다시 알게 되고 그때보다 전문가가 된 나를 알게 될 것이다. 나는 그 자리에 다시 메모한다. 그리고 꼭 날짜를 함께 적는다. 그렇게 책을 읽다 보면 놀라울 정도로 발전되어 있는 자신을 발견하게 된다.

재취업을 원하지만 어디서부터 시작해야 할지 모를 때는 자신 감을 얻을 수 있는 책부터 읽어 보자. 업무에 대한 책보다는 훨씬 더 좋은 방향으로 이끌어 줄 것이다. 성공한 여성들의 책도 많은 도움이 된다. 롤 모델로 삼을 수도 있다. 저자강연회 등 작가와의 만남도 추천한다. 나보다 먼저 그 길을 갔던 사람들은 최고의 동기 부여가이자 좋은 길잡이가 되어 준다. 그들 대부분은 자신이 지나 온 길을 다른 사람들에게 공유해서 시간을 단축시킬 수 있는 방법들을 제시해 주고자 책을 냈다. 인생을 살아오며 제일 중요한 것이 시간이라는 것을 깨닫게 된다면 누구나 작가가 될 수 있다.

나는 그저 평범한 가정주부였다. 다시 일을 시작하고 사회의 벽에 부딪혔을 때 한 권의 책에서 시작해 100권이 넘는 책들을 읽음으로써 많은 도움을 받았다. 아이를 키우며 일까지 하게 되면 시간은 더욱 부족해진다. 하지만 그럴수록 의식적으로 책 읽는 훈련을 해야 한다. 결국은 많은 시간을 활용할 수 있는 방법들을 알려 주기 때문이다.

일을 늦게 시작할수록 나보다 먼저 시작한 사람의 책에 마음을 기울여 자신의 것으로 만들어 보자. 100권의 책은 최고의 멘토가 되어 당신을 전문가로 만들어 줄 것이다

07

독창적인 자기소개서를
작성하라

자신을 내보여라. 그러면 재능이 드러날 것이다.
· 발타사르 그라시안

경단녀는 다른 사람들보다 훨씬 더 적극적으로 자신을 표현해
야 한다. 나도 처음에는 쉽지 않았다. 이렇게까지 해야 하나, 얼마
나 큰돈을 벌겠다고 이렇게 고민해 가며 자기소개서를 작성해야 하
는지 인정하기 싫었다. 하지만 요즘 나는 매일 나를 표현할 수 있는
문장이나 단어가 무엇이 있나 생각하며 행복한 고민을 하고 있다.

자기소개서는 내가 누구인지 타인에게 알리는 좋은 수단이다.
나의 장점을 극대화시키고 단점도 좋은 쪽으로 전환해 담아야 한
다. 경단녀에게 사회 단절은 장점이 될 수도 단점이 될 수도 있다.
다만 이것을 어떤 방법으로 해석할지 고민해야 한다.

자기소개서에서 가장 많이 하는 실수는 다른 사람들의 것을 모
방하는 것이다. 오랜 기간 동안 작성해 본 적도 없고 자신을 표현

할 방법을 모르기 때문에 하는 실수다. 내가 그랬다. 지극히 평범하다고 생각하기 때문에 평범한 문구들만 생각났다. 그래서 다른 사람들은 어떤 문장을 사용했는지 보고 그것을 길게 늘어뜨리는 방법을 선택하곤 했다. 이는 명백히 잘못된 일이다. 내가 나를 제대로 표현하지 못하는데 타인이 어떻게 나를 알아보겠는가. 회사에서는 합격시킬 이유가 하나도 없는 것이다.

취업을 준비할 때 면접도 보지 못하고 자기소개서에서 탈락된 적이 있다. 다른 사람들의 자기소개서를 보고 짜깁기한 것이었다. 나에 대한 성찰도 없었고 회사에 입사하고 싶다는 간절함을 보이지도 않았다. 실제로도 그러했다. 일은 해야겠지만 정말 하고 싶은 일은 아니었기에 대충 작성한 것이다. 예상한 대로 면접 연락은 오지 않고 불합격이라는 문자 메시지를 받았다. 내가 들인 노력만큼의 결과를 얻어낸 것이다.

회사가 이 사람에게 월급을 지급할 만한 가치가 있는지 가장 먼저 판단할 수 있는 것이 바로 자기소개서다. 나의 가치를 알려야 한다는 뜻이다. 많은 사람들이 취업을 원하고 있는데 경쟁력 없는 자기소개서는 결코 눈에 띌 수 없다.

20대 시절 나는 사업을 했다. 아르바이트 직원을 채용하기 위해 면접을 진행했다. 많은 사람들이 입사를 지원했고, 그들을 보며 느낀 점은 일하고 싶다는 간절함을 보이는 사람에게 마음이 간다는 것이었다. 그때처럼 내가 경영자라면 나의 자기소개서를 보고 채용하고 싶다는 생각이 들까? 나는 그 회사에 간절함 없이 지원했기 때문에 서류 한 장에 모든 것이 표현되어 탈락할 수밖에 없었던 것이다.

다시 자기소개서를 작성하는 데 많은 시간이 걸렸다. 내 간절함을 어떻게 표현할지, 어떤 문장으로 나를 알려야 할지 고민하고 또 고민했기 때문이다. 회사는 어떤 사람하고 일하고 싶어 할지 생각해 보았다.

나는 우선 재취업을 원하는 회사에 대해 공부하기 시작했다. 대표의 마인드는 어떤지, 회사 설립 과정은 어땠는지, 지금 회사가 처한 문제는 어떤 것들이 있는지 공부했다. 제품에 대한 공부도 잊지 않았다. 그리고 내가 기대할 수 있는 비전 또한 알아보았다. 하나씩 공부하다 보니 자기소개서를 작성하는 것이 그다지 어렵지 않았다. 회사가 어떤 사람을 원하는지 보였기 때문이다.

제품을 만들어 내는 제조공장에서 기술을 훔쳐 판매하는 것 때문에 곤욕을 치른 회사였다. 같이 일하던 사람들이 배신을 하고 경쟁업체로 넘어가 자신이 몸담았던 회사에 대해 루머를 퍼트리기까지 했다. 회사가 알려지기 전에 제품이 먼저 알려지게 된 장점이 있기도 했지만 큰 피해를 보고 있는 것은 불보듯 뻔했다. 소비자는 정품과 가품을 구분하지 못하기 때문이다.

나는 자기소개서에 무엇을 써야 할지 알았다. 나의 경력과 함께 신뢰도를 강조하기로 했다. 거기에 능력까지 어필한다면 더할 나위 없다고 판단되었다. 자기소개서를 준비하면서 서류전형뿐만 아니라 면접 또한 합격이라는 확신이 생겼다.

나는 간절하게 준비했고 많은 것을 알아보면서 이미 회사와 한 몸이라고 생각했기 때문에 어떤 질문이 와도 대답할 수 있을 거라는 확신이 들었다. 대표와 비슷한 마인드를 갖기 위해 지속적으로 나를 훈련시켜 나갔다.

회사에 대한 분석이 끝났다면, 내가 회사가 원하는 인재임을 간결하게 표현해야 한다. 물론 나보다 더 좋은 조건의 사람들도 지원할 것이다. 그들을 제치고 경단녀인 내가 합격해야 하는 이유를 제시했다. 나는 내가 소중하게 생각하는 가치를 위해 아이와 시간을 보내느라 경력이 단절되었을 뿐이고, 이제부터는 회사를 위해 가치를 투자하겠다는 내용으로 눈길을 끌어당겼다. 나는 가치를 중시하는 사람이라는 것을 나타낸 것이다.

자기소개서에 반드시 들어가야 하는 항목은 지원동기와 포부, 경력사항, 장단점 등이다. 이 항목들은 독창적인 소제목으로 작성하는 것이 좋다. 예를 들어 '경력사항'보다는 "회사의 얼굴이 된다는 사명감으로 8년을 근무한 경력이 있습니다."라는 문장으로 나의 가치관을 담는 것이다. 첫 문장으로 나에 대한 궁금증을 유발하고 진심이 담긴 자기소개를 시작하면 된다.

다른 사람의 인생을 대신 살아 줄 수 없듯이, 회사가 함께 일하고 싶은 인재라는 것을 나만의 표현 방법으로 작성해야 한다. 간절함이 담겨 있다면 금상첨화다.

08

1분 안에
면접관을 사로잡아라

어려운 일을 시작할 때 태도가 그 무엇보다 성패에 큰 영향을 미친다.
· 윌리엄 제임스

면접 자리에서는 나를 어떻게 어필해야 할까? 이효리는 10분이면 자기 남자로 만들 수 있다고 자신했다. 그녀의 외모가 큰 힘을 발휘하기 때문 아닐까. 정돈되지 않은 외모는 누구에게도 어필될 수 없다.

면접을 준비하면서 한 걱정 중 하나가 출산 후 아직 빠지지 않은 살과 자신 없는 외모였다. 임신 기간 동안 조산기로 장기간 병원 생활을 해서 회복이 느렸다. 여자는 꾸밀수록 예뻐진다는데 나는 육아하면서 제대로 꾸며 본 기억이 없다.

외모가 다는 아니라고, 심성이 더 중요하다고들 말한다. 나도 그 말에 공감한다. 하지만 외모에 자신이 없어지니 모두 외모만 보는 것 같았다. 자신이 자신 없는 부분에서 자존감은 내려가기 마련이다. 그리고 적어도 면접을 준비한다면 어느 정도는 정돈된 외모가 필요하다고 생각했다. 연예인처럼 예쁠 필요는 없지만 깔끔한 이미지를 연출해야 한다. 자신에게 맞는 옷차림과 헤어스타일, 메이크업으로 자신을 포장하는 것이다. 그 정도의 노력도 없이 재취업을 바란다면 자신의 가치 또한 떨어지는 것이다.

오랜만에 화장하려고 보니 마스카라는 굳어 있고 립스틱은 어디로 갔는지 찾기도 힘들었다. 아이 때문에 외출이 힘들어 우선 인터넷으로 제품을 구매해 예행연습을 했다. 화장한 내 얼굴이 어색했지만 나도 모르게 자신감이 붙었다. 아이가 자는 사이 화장을 하고 거울을 보며 굳어 있던 얼굴에 표정을 주는 연습을 했다. 내 얼굴을 제대로 보는 것은 오랜만이었다.

준비된 외모보다 중요한 것은 절제된 자신감이다. 절제되지 않은 자신감은 자칫 건방져 보일 수도 있다. 면접관들은 많은 사람들을 대하기 때문에 표정 하나, 작은 행동 하나에서도 그 사람의 성격을 캐치할 수 있다. 나만의 자신감을 표현하기 위해 당당한 표정을 연습하자. 밝은 성격과 무슨 일이 있어도 해결할 수 있다는 자신감이 표현되어야 한다.

아무리 외모지상주의에서 벗어나자고 외쳐도 첫인상은 외모가 결정짓는다. 하지만 많은 사람을 대해본 사람이라면 외모 속에 감춰진 사람의 가치를 판단할 줄 안다. 자신이 가치 있는 사람이라는 당당함으로 밝은 표정의 첫인상을 연습하라. 면접장 문을 열고 들어가 좋은 첫인상을 주는 것에 성공했다면 그다음은 목소리에 힘을 실어야 한다.

면접을 보는 것은 누구나 긴장되고 떨린다. 누군가 나를 판단한다는 상황만으로도 압박을 느낀다. 나는 손바닥에 땀이 많이 났다. 어떤 질문이 올지, 내가 대답은 잘할 수 있을지 아직 부딪쳐 보지도 않은 상태에서 온갖 상상을 하며 긴장하니 땀이 나기 시작했다. 또한 면접을 보는 단 몇 분 사이에 나의 모든 것이 판단된다고 생각하니, 혹여나 실수할까 봐 걱정이 되었다. 그래서 긍정으로 나를 단단하게 무장하기 시작했다. 마인드 컨트롤을 한 것이다. '그 어떤 질문이 와도 나는 긍정의 대답으로 이끌 수 있다', '긍정으로 대답하는 모든 답변은 내가 직무 해결 능력이 있는 사람이라고 표현된다', '나는 능력 있는 사람이다' 등 면접장에 들어가기 전까지 상상하며 마인드 컨트롤을 했다. 이 훈련은 긴장을 줄여 줄 뿐만 아니라 목소리에도 힘을 실어 준다. 신뢰감 있는 목소리를 만들어 주는 것이다. 당당함과 자신에 대한 믿음이 생겼기 때문에 목소리가 떨릴 이유가 없다.

첫인상과 목소리로 회사와 함께할 인재의 모습이 갖춰졌다면 1분 안에 면접관을 사로잡아 보자. 준비된 자에게 기회가 온다는 것은 누구나 아는 사실이다. 면접을 보기까지 당신은 자신감부터 외모, 목소리, 자기소개 등 모든 것을 준비했다. 경단녀에게 재취업은 어떤 인생의 문을 열어주게 될지 아무도 모른다. 나 역시도 작가의 삶을 살게 될지 모르고 간절함으로 재취업을 준비했다.

재취업에 대한 간절함에 자신이 준비한 것들을 1분 안에 표현해야 한다. 면접관들은 인재를 뽑기 위해 준비하고 있는 사람들이다. 따라서 나의 비전을 표현한다면 재취업은 성공할 수밖에 없다.

면접을 보기 위해 대구로 내려갔다. 본사가 대구에 있어 부지런히 준비하고 가는 동안 꾸준히 마인드 컨트롤을 했다. 표정부터 목소리, 보여 주고 싶은 이미지 등 모든 것을 연습했다. 회사가 찾는 사람이라는 인식을 주기 위해 임팩트 있는 첫 멘트를 고심해서 준비했다. 인터넷에서 정보를 검색하고 면접 관련 도서를 읽으며 나름대로 준비를 철저히 했다.

드디어 시간이 다가와 면접장에 들어갔다. 면접관들은 나의 이력서와 자기소개서를 훑어봤다. 첫 질문을 받았다.

"아이가 아직 어리네요. 어려운 직업이 될 수 있는데 할 수 있겠어요?"

그에 대한 답변은 미처 준비하지 못했기에 살짝 당황했다. 하지만 그 질문은 내가 처음 일을 시작하려고 마음 먹었을 때 스스로에게 했던 질문이었다. 나는 그때 했던 생각들을 정리해 답변했다. 이후 다른 질문들도 내가 회사를 사랑한다는 생각을 담아 대답하기 위해 노력했다. 구체적으로 어떻게 사무실을 이끌지, 판매 스킬은 어떻게 키울지 회사에 대해 공부하며 준비했던 것들이기에 어려움은 없었다. 다만 조금 더 안정된 말투로 말하기 위해 노력했을 뿐이다.

면접을 마칠 때쯤 한 면접관이 내게 회사에 대해 궁금한 것이 없냐는 질문을 했다. 나는 바로 질문했다.

"제가 이 회사를 믿고 따를 수 있도록 저에게 보여 줄 수 있는 회사의 비전은 무엇입니까?"

사실 나는 이미 답을 알고 있었다. 제조업체에서 기술력을 훔쳐 가품을 만들어 냈을 때 많은 타격을 받았지만 더 성장해 업그레이드된 제품을 출시되는 모습을 보고 이 회사에 대한 믿음이 생겼기 때문이다. 하지만 나도 8년이라는 경력 단절의 울타리를 넘어 새롭게 시작하는 자리였기에 믿음을 더욱 확고히 하고 싶었다. 나를 사랑하고 가족을 사랑했기에 나온 질문이었다. 만약 이때 나도 회사도 서로에게 믿음을 주지 않았다면, 각자 다른 길을 갔을 것이다.

재취업을 하고 싶은 회사가 있다면, 자신을 먼저 사랑해 보길 바란다. 그렇다면 회사의 가치도 자신의 가치도 발견하게 된다. 서로 마주하는 면접에서 나타나게 되는 것이다.

내가 취업을 위해 어떤 준비를 했는지는 면접을 통해 나타난다. 책이나 인터넷 검색을 통해 면접에 대한 정보를 많이 얻을 수 있다. 나도 그것을 베이스로 준비했다. 하지만 실제 면접 자리에서는 어떤 질문이 날아올지 모른다. 그러니 단순히 질문 목록을 작성하고 그에 대한 답변을 앵무새처럼 외우는 것은 소용없다. 평상시 내가 가지고 있는 생각들을 잘 정리해 머릿속에 담아두어야 한다.

1분 안에 면접관을 사로잡고 싶다면 진심으로 그 회사에 입사하고 싶은 만큼 정보를 수집하고 내가 회사를 이끄는 주역이 되겠다고 생각하자. 설령 마트 파트타임 직원을 뽑는 자리라도 말이다. 가치를 아는 면접관이라면 정직원이 될 기회가 주어질 수도 있다. 첫인상이 이후 회사생활의 모든 것을 결정한다는 것을 명심하자.

PART 5

: 10년 후
어떤 삶을
살 것인가?

01

당신의 꿈이
당신의 삶을 결정한다

당신이 젊은 시절 꿈꾸었던 것에 충실하라.

· 솔 벨로

지금 당신의 꿈이 당신의 미래를 결정짓는다고 하면 어떤 꿈을 꾸며 살겠는가? 나의 어릴 적 꿈은 돈이 많은 현명한 엄마가 되는 것이었다. 그리고 지금 나의 꿈은 취업 인재 양성의 최고 1인자가 되는 것이다. 내가 누구인지 알 수 있겠는가? 나의 꿈이 나를 알리는 명함이다.

나는 학창시절 특별히 잘하는 것 하나 없는 평범하고 조용한 학생이었다. 중학생 시절 한번은 담임 선생님이 나를 불러 미술에 소질이 있는 것 같다며 내가 그린 그림을 전시해 보자고 하셨다. 그리고 계속 그림을 그려 보라고 하셨다. 그것을 계기로 나에게도 재능이 있다는 것을 알게 되었다. 그 생각은 일상을 변화시켰다. 그 후 나는 집에서 그림을 그리기 시작했고, 나의 그림은 학교에 하나씩 전시되었다.

나에게 꿈을 심어 주셨던 담임 선생님의 모습을 아직도 생생히 기억한다. 나도 가치 있는 사람이라고 이야기해 주시는 것 같았다. 집으로 가는 발걸음이 항상 무거웠던 나에게 밝은 미래를 꿈꾸게 해 주신 것이다. 꿈을 꾸면 매일 마시는 공기조차 다르게 느껴진다는 것을 알게 된 순간이었다. 하지만 시간이 지나 넉넉지 않은 가정 형편으로 인해 나는 현실과 타협할 수밖에 없었다. 화가의 꿈을 접고 다시 평범한 학생으로 돌아간 것이다. 하지만 나는 그런 환경으로 인해 또 다른 꿈을 꾸었다. 곰곰이 생각해 보면 지금의 내 모습은 어릴 적 내가 꿈꿔왔던 모습이다.

나는 어릴 적부터 매일 어떻게 해야 경제적인 어려움과 불우한 환경에서 벗어날 수 있을지 고민했다. 그리고 나중에 커서 아이를 낳았을 때 그 아이가 나처럼 꿈을 접게 되지 않도록 능력 있는 부모가 되고 싶다고 생각했다. 내가 처한 모든 문제의 원인은 가난이라고 생각하면서부터 돈을 많이 벌고 싶었다. 그러면서도 가정을 잘 꾸려가는 엄마의 모습을 상상하며 성장했다. 내가 얻지 못한 것들이 나의 꿈이 된 것이다. 확실한 것은 가난을 대물림해 주기 싫었고 매일 다투는 부모의 모습을 내 아이에게는 보여 주기 싫었다는 것이다. 꿈을 이루기 위해 무엇을 해야 하는지 어떤 것부터 시작해야 할지 막막하기만 했지만 일찍 일을 시작해 저축부터 해놓기 시작했다.

결혼을 하고, 나는 아내가 되었다. 좋지 않은 형편이었지만, 나의 어린 시절에 비하면 행복한 가정을 꾸려 나갈 준비가 되어 있다고 생각하며 하루하루를 보냈다. 하지만 출산 후 많은 감정 변화를 느끼게 되었다. 나 자신도 가꾸지 못하며 현실의 벽에 부딪히게 되면서 나의 어릴 적 꿈을 다시 생각해 보았다. 엄마라는 역할을 수행하기 위해 시간적인 자유를 잃어버렸다며, 경제적 자유에서 벗어나고 싶었던 나의 꿈은 또 다시 현실과 타협하고 있었다. 내 꿈을 외부환경으로 인해 빼앗긴 것이라고 생각한 것이다.

나의 어린 시절 꿈은 화가였지만, 나는 지금 화가가 아니다. 꿈을 접었기 때문이다. 다시 찾은 꿈은 부자엄마였지만 이 또한 이루지 못했다. 나는 제일 중요한 것이 무엇인지 깨달았다. 아직 늦지 않았다는 것이다. 나의 과거를 아이들에게 대물림해 줄 것인가, 아니면 새로운 인생으로 살아갈 것인가. 선택하기만 하면 되는 간단한 문제였지만, 그것을 아는 데 꽤 많은 시간이 걸렸다.

다른 사람이 나의 꿈을 대신 이뤄 줄 수도, 문제를 해결해 줄 수도 없다. 부모님의 인생을 내가 대신 살아 줄 수 없듯이 아이의 인생 또한 내가 책임질 수 없다. 육아를 위해 내 인생을 희생할 이유도 없다. 일을 하지 못하는 이유를 다른 이들에게서 찾지 말아야 한다. 자신의 문제다.

꿈을 찾기 위해 재취업을 고민하고 있다면, 해답은 자신 안에서 찾아야 한다. 다른 사람들의 조언을 듣고 참고할 수는 있겠지만, 살아온 환경이 다르기 때문에 꿈을 바라보는 관점 역시 다르다. 문제 해결 방법은 자신에게서 찾아라. 설령 실패하고 상처받는 일이 있더라도, 그것은 자양분이 되어 자신을 알아가는 데 꼭 필요한 경험이 될 것이다. 나를 바로 봐야 미래 역시 나만을 위한 미래가 된다.

마지막으로, 절대 환경 탓을 하면 안 된다. '가정형편이 어려워서' 또는 '육아에 지쳐 일할 에너지가 없어서'라는 이야기는 10년 후 미래에도 에너지 없이 살겠다는 뜻이다.

나는 열심히 살고 있는 것 같은데, 내 삶은 나아지는 것이 없다고 생각했다. 나만의 시간도 없고, 내가 가진 것들을 포기하고 살면서 공허함은 계속 밀려왔다. 그리고 그 모든 것을 환경 탓만 하고 있었다.

나는 정말 잘 살고 있는데, 내가 누구인지를 모르겠다면 할 수 있는 일이라도 시작해서 잊고 지냈던 꿈을 찾아보자. 내가 누구인지 알게 해 주는 수단이 될 것이다. 나의 첫 시작도 그러했다. 꿈을 이루기 위해 제일 먼저 할 수 있는 일을 찾아야 한다. 앞으로 살아갈 시간들의 밑거름을 만들어야 하기 때문이다.

나는 일을 하기로 마음먹고 나서 육아에 대해 확고한 철학이 있어야겠다고 생각했다. 나의 미래뿐만 아니라 아이들의 미래에도 영향을 줄 수 있기 때문이다. 그렇게 하나씩 하나씩 현실에 충실하기로 했다. 할 수 있는 일을 찾았고, 일을 하기 위해 육아문제를 해결해 나가기 시작했다. 아이들은 나와 같이 성장했고, 나는 꿈을 꾸는 여자가 되어 가고 있었다. 현재에 집중한 노력으로 내가 누구인지 알게 되었다.

그리고 나는 다시 시작한 일에서 새로운 꿈을 이루기 위해 도전하고 있다. 누군가 나의 가치를 알아봐 주고 나의 인생이 변화되었듯이 나도 누군가의 가치를 알아봐 주는 일을 하고 있다. 지극히 평범한 사람이었고, 지금도 평범한 삶을 살고 있다. 하지만 꿈을 가지기 전과 꿈을 가지고 나서부터의 내 삶은 달라졌다. 누구나 평범하지만 소중하다는 것을 알게 된 것이다. 담임 선생님이 나의 가치를 알아봐 주고 나서 세상을 바라보는 시선이 달라졌다. 누군가 나를 인정해 준다는 것은 기적을 일으킬 수 있다는 것을 나는 알고 있다.

독박육아에서 벗어나 자신만의 인생을 살고 싶어 하는 여성들이 많다. 나의 이런 스토리가 그들에게 희망과 동기부여가 되길 바란다. 내가 누구인지는 내가 어떤 꿈을 꾸고 있는지에 따라 결정된다. 현실에 타협하지 않고 포기하지 않는, 꿈꾸는 여성이 되길 바란다. 지금 꿈을 위해 도전하는 당신의 모습이 10년 후 어떤 삶을 살게 될지 보여 줄 것이다.

02

자신의
가치를 깨달아라

나 자신의 인간 가치를 결정짓는 것은 내가 얼마나 높은 사회적 지위나 명예 또는
얼마나 많은 재산을 갖고 있는가가 아니라, 나 자신의 영혼과 얼마나 일치되어 있는가다.

· 리처드 박스터

나의 가치는 무엇으로 평가해야 하는가? 지금 내 곁에 누가 있
고, 어떤 일을 하고 있는지 알아보면 된다. 그렇다면 나의 가치를
높이기 위해 할 수 있는 방법들은 무엇이 있을까?

그저 성실하고 열심히 일하기보다 나만의 매력으로 나를 브랜드
화해야 성공하는 시대가 왔다. 하지만 나는 경력 단절의 시간 동안
세상 밖에 있었기에 성실함만이 일을 할 수 있는 조건이라고 생각
했다. 세일즈를 하면서 제품력이 좋으면 당연히 판매가 잘될 것이라
고 판단하고 일을 시작했다. 하지만 유사품과 가품들이 인터넷에서
더 많이 판매되고 있는 것을 보게 되었다. 제품 성분으로만 치면 전
혀 뒤지지 않지만, 타사 제품들이 핫 아이템으로 홍보되며 많은 매
출을 일으키는 것을 지켜보며 새로운 사실을 깨닫게 되었다.

연예인도 아닌 평범한 사람이 자신을 상품화하고 드러내면서 유사품은 자연스럽게 판매로 이루어졌다. SNS 스타들이 제품을 들고 사진만 찍어 올려도 매출은 상승했다. 기업이나 제품으로 판단되었던 브랜드 개념이 모델로 이동한 것이다. 개인이 매력적인 상품이 되어 자신의 가치를 표현하면서 상품이 인정받는 시대가 되었다. 그런 구조에서 인정받고 성공하고 싶다면 나 역시도 나의 가치를 높여야만 했다. 그것이 나의 능력을 발휘하고 성공할 수 있는 방법이었다.

우선 이미지메이킹으로 나를 브랜드화하기로 했다. 내가 보여주고 싶은 이미지를 만들어 내야 했다. 생각하지 못했던 일상의 소소한 것들로 개인이 평가되어 이미지가 만들어지는 것을 확인했다. 자신을 상품화해야 일도 성공할 수 있다는 것이다. 그렇다면 객관적인 시각으로 나를 바라보고 평가할 줄 알아야 한다. 스스로를 알아보는 것에서부터 시작해 보자. 나의 단점을 보완하고 장점은 극대화할 수 있는 방법들을 찾아 나의 가치를 올려야 한다. 그래야 내가 원하는 이미지를 만들어 갈 수 있다. 이미지메이킹은 나의 가치를 표현할 뿐만 아니라 높일 수 있는 상상 이상의 효과를 기대할 수 있다. 재취업을 원한다면 자신의 가치를 높이는 데 투자하길 바란다. 내가 원하는 이미지메이킹으로 나를 브랜드화한다면 더 좋은 조건의 취업이 이루어진다.

이미지메이킹으로 내가 얻을 수 있었던 것은 높은 자존감과 자신감이었다. 이는 회사에 대한 자부심으로 연결되고 사회에서 나만의 경쟁력이 생기기 시작했다.

나의 가치를 판단할 수 있는 계기가 있었다. 온라인에서 가품을 판매하고 있던 카운슬러에게 연락이 온 적이 있다. 나의 SNS 계정을 지켜보고 있던 것이다. 그녀는 자신이 제품을 판매하고 있지만 확신이 없다는 이야기를 했다. 제품에 자신이 없어 자신이 기존에 하던 일이나 신뢰도에 문제가 되지는 않을까 걱정하고 있었다. 나는 충분한 상담을 해 주었고 결정은 직접 해야 한다는 조언도 아낌없이 해 주었다. 그녀는 왜 나에게 연락한 것일까? 내가 보여 주었던 자신감과 나를 브랜드화하면서 나의 가치를 높였기 때문이라고 생각한다. 그녀는 자신이 파는 제품에 대한 확신이 없고 그저 판매만 하고 있었다. 나와의 상담 후 자신의 가치가 더 소중하다고 생각해 제품을 선정할 때 신중해진 모습을 보여 주었다.

그녀를 보면 가치를 올릴 또 다른 방법을 알 수 있다. 바로 나의 신뢰도를 높이는 것이다. 신중함과 정직함이 신뢰와 관련된다는 것을 그녀를 통해 다시 한번 느꼈다. 그녀는 주변 사람들과 고객들에게 신용을 지키기 위해 용기를 냈다. 경쟁업체인 나에게 연락해 온 것이다. 한편으로는 그녀의 회사에서 얼마나 믿음을 주지 못했으면 카운슬러가 경쟁업체에까지 연락을 하게 만드나 생각했다.

그녀는 스스로 자신의 가치를 알고 방법을 찾았다. 나는 그녀의 행동이 절대 작은 일이라고 생각하지 않는다. 이런 행동들이 점점 좋은 기회로 쌓여 더 높은 자리에 오를 수도 있다고 생각한다. 자신의 가치는 한 번에 표현되는 것이 아니라 하나씩 모여 단단하게 만들어 가는 것이다.

앞에서 말한 것과 같이 온라인에서는 수많은 가품들이 판매되고 있다. 나에게 또 다른 연락이 온 적이 있다. 내가 판매하고 있는 제품으로 많은 소득이 생기는지 궁금해하며 질문을 던져 왔다. 그러면서 자신이 하고 있는 사업을 하면 지금보다 더 많은 소득이 생길 것이라고 했다. 예의 없는 행동이었다. 그는 나에게 좋은 이미지를 심어 주지 못했을뿐더러 그 회사에 대한 이미지도 나빠졌다.

당신은 어떤 회사에 재취업하고 싶은가? 자신의 가치를 깨달았다면 능력을 발휘할 수 있는 비전 있는 회사를 선택해야 한다. 나를 브랜드화하기 위해 이미지를 연출하고 자신을 하나의 상품이라고 생각한다면 금방 일을 찾게 될 것이다.

나를 상품화한다는 것은 다른 사람과의 차별성을 찾아야 한다는 말이다. 그것은 단시간에 만들어지는 것이 아니다. 조바심 가지지 말기 바란다. 오랜 시간 자신을 위해 투자하고 자기계발에 힘을 쏟아 전문성을 확장시켜야 한다. 그렇게 나만의 브랜드를 만들어 가는 것이다. 자신이 투자한 노력만큼 10년 후 가치는 더욱 올라가게 된다. 자신의 가치를 깨닫는 순간, 재취업에 대한 두려움도 사라지게 된다. 무엇이든지 할 수 있다는 자신감과 자존감이 높아질 것이다. 당신의 브랜드가 성장했다면 어떤 상황이든 이겨 낼 수 있는 단단한 내면이 쌓였을 것이다.

당신은 자신의 가치를 알고 있는가? 가치를 높이기 위해 무엇을 하고 있는가? 자신만의 가치를 깨닫고 그것을 높일 방법을 알고 싶다면 010.4193.3040으로 도움을 요청하는 문자 메시지를 보내 보자. 당신이 얼마나 소중한 존재인지 깨닫게 해 주고, 당신의 가치를 브랜딩해 능력을 발휘하는 비법을 전수해 줄 수 있다. 두려움을 이겨 내고 행동하는 사람만이 기회를 잡고 높아진 가치로 미래를 설계할 수 있음을 명심하자.

03

지금 하는 일에서
최고의 전문가가 되라

배움은 우연히 얻어지는 것이 아니라
열성을 다해 갈구하고 부지런히 집중해야 얻을 수 있다.

• 애비게일 애덤스

　나는 단 한 번도 내가 전문가라고 생각해 본 적이 없다. 처녀시절에 했던 업무는 잘하긴 했지만 누구나 할 수 있는 일이었다고 생각한다. 그리고 경력 단절의 시간 동안 역시 내가 어느 분야에서 최고가 되겠다고 생각해 본 적이 없다. 나 자신이 그저 평범한 아줌마라고 생각했기 때문이다. 나는 아직도 길에서 볼 수 있는 평범한 아줌마다. 다만 세상을 바라보는 관점이 달라졌을 뿐이다. 똑같은 길을 다니지만 생각이 달라졌고, 똑같은 일상이지만 직업이 있는 나는 예전의 내가 아니다.

　육아를 하면서 일하는 나의 모습을 상상한 적이 있다. 하지만 실행하지는 못했다. 아이를 잘 키우는 것이 나의 소명이라고 생각했고, 그 모습이 엄마다운 모습이라고 생각했기 때문이다. 이전의 나와 지금의 내가 같은 점은 좋은 엄마가 되기 위해 노력하는 것이다. 단지 좋은 엄마에 대한 관점만 바뀌었을 뿐이다.

예전의 내가 생각하던 좋은 엄마란 자녀가 최고가 될 수 있도록 환경을 만들어 주는 것이라고 생각했다. 그 안에서 엄마의 희생은 당연한 것이었다. 지금 내가 생각하는 좋은 엄마는 자신이 하고 싶은 일을 하고, 그 분야에서 전문가가 되고자 노력하며 행복을 느끼는 사람이다. 아이가 훌륭하게 자라길 원한다면 지금 하는 일에서 전문가가 되어야 한다. 그러한 모습이 아이에게 좋은 교육이 될 것이기 때문이다.

자신의 분야에서 최고가 되려면 무엇을 해야 할까? 타인에게 인정받기 위해 할 수 있는 방법들을 생각해 보자. 자격증을 딸 수도 있고 자기계발을 통해 나의 가치를 올릴 수도 있다. 나는 다시 일을 시작하며 전문가가 되기 위해 수없이 노력했다. 고객들은 물론, 함께 일하는 동료들에게 신뢰도를 쌓는 과정에서 많은 노력을 했다.

다양한 서적으로 내가 경험해 보지 못한 일에 대해 간접 경험을 하고 메모를 습관화했다. 독서와 메모는 나에게 큰 도움을 주었다. 오래 걸릴 수 있었던 길을 단축시키는 현명함을 주었다. 그리고 나의 단점이었던 부족한 PC 활용능력과 꼼꼼하지 못한 성격을 보완하기 위해 시간적, 금전적인 투자를 아끼지 않았다. 날 위한 투자는 놀라운 결과를 가져다주었다. 투자한 만큼 나의 가치는 올라가고 있다는 것을 시간이 지나고 깨닫게 되었다.

나는 시간을 들여 전문가가 되기 위해 노력했지만 대부분의 사람들은 그렇게 하지 않았다. 그래서 다른 사람들보다 앞서갈 수 있었고 그들이 나를 믿고 따를 수 있도록 분위기를 주도했다. 그리고 내가 꼭 지킨 것들이 있다. 이것이 나를 전문가로 만드는 제일 큰 역할을 했다고 생각한다. 나는 원하는 것이 있으면 항상 최고에게 배웠다. 책을 고를 때도, 강연을 들을 때도 모두 최고의 사람들을 찾아 그들과의 만남에 돈을 투자했다. 그들이 하는 방법들과 그들만의 습성을 나의 것으로 만들기 위해 모든 것을 걸었다.

남들보다 늦게 시작했다고 생각했기에 시행착오를 줄여야 했다. 일반 가정주부가 돈을 투자한다는 것이 처음부터 쉬운 일은 아니었지만, 시간을 절약할 수 있는 방법이란 것을 알게 된 이후로는 더욱 적극적으로 최고의 사람들과의 만남을 주저하지 않았다. 돈을 투자해 시간을 벌어들여 더 많은 소득을 얻을 수 있다는 원리를 배운 것이다.

자신의 가치를 올리고 싶다면 많은 것을 투자해 보자. 그러기 위해선 실패도 두려워하지 말아야 한다. 실패하고 또 실패하며 최대한 빨리 실패하는 것이 성공한 사람들이 이야기해 주는 전문가가 되는 방법이다.

나는 경력 단절도 인생에 새로운 깨달음을 주기 위한 실패라고 표현하고 싶다. 다시 일을 하고 싶은 욕구를 불어넣어 주었고, 절박함을 알려 주었다. 만약 다시 시작한 일에서 자신에게 맞지 않은 일을 찾게 되었다면 그 또한 최고의 직업을 찾기 위한 과정이 될 것이다. 그런 경험들로 인해 당신은 전문가가 되기 위한 길을 가고 있는 것이다.

실패를 두려워하지 말고, 그로 인해 포기하면 안 된다. 재취업 실패는 당신의 잘못이 아니다. 나 역시 마찬가지였다. 나의 첫 재취업은 열정으로 시작했지만 금전적인 어려움을 안겨 주었다. 하지만 난 포기하지 않고 그것을 해결하기 위한 방법을 찾기 시작했다. 실패는 당신의 잘못이 아니지만, 또 다른 도전을 두려워하고 포기하는 것은 당신의 잘못이다.

경단녀들이 재취업을 원하는 데는 여러 가지 이유가 있을 수 있지만 아이를 위해서이기도 하다는 것을 명심하기 바란다. 당신이 포기하면 아이도 포기를 배운다. 다시 시작한 분야에서 전문가가 되는 과정들은 결코 쉽지 않다. 그 과정에서 최선을 다하는 모습을 보여 주는 것이 아이들에게 최고의 교육이 될 수 있다는 것 또한 명심하길 바란다.

내가 만난 최고의 전문가들에게는 공통점이 있다. 시간의 차이는 있지만 자신이 하고 있는 업무에서 실패와 도전 그리고 열정을 무한 반복하고 있었다. 그리고 또 다른 실패를 하지 않기 위해 끊임없이 배움을 갈구한다.

나는 전문가가 되기 위해 그들의 방법을 나에게 적용했다. 성공한 사람들과 만나 시간을 아끼는 방법을 배웠고 세일즈 업무를 잘하기 위해 많은 고객들을 만났다. 고객과의 만남에서 나의 문제점도 발견하게 되었고, 제품에 대한 교육, 고객과 카운슬러와의 꾸준한 소통을 무한 반복하면서 신뢰받는 내 모습을 발견했다.

전문가가 되기 위해 가장 중요한 것은 바로 실행이다. 책을 읽고 고개만 끄덕여서는 전문가가 될 수 없다. 실행하지 않는다면 구경꾼이나 마찬가지다. 배운 것을 자신의 것으로 만들어 지식을 채우고 무한 반복하는 것을 습관화하면 당신은 자신의 분야에서 최고가 되어 있을 것이다.

04

꿈이 있는 여자가
아름답다

꿈을 날짜와 함께 적어놓으면 그것은 목표가 되고, 목표를 잘게 나누면 그것은 계획이 되며,
그 계획을 실행에 옮기면 꿈은 실현되는 것이다.

· 그레그 S. 레인

나는 20대 때, 서른 살이 넘으면 남들과는 다른 특별한 삶을
살고 있을 것이라고 생각했다. 하지만 30대가 된 내 모습은 남들과
다를 바 없었다. 삶의 중심이 육아가 되면서부터 나는 여자가 아닌
엄마였다. 자신감과 꿈이 많던 나의 결혼 전 모습은 온데간데없이
사라지고, 육아에 지친 나를 발견했다.

내가 결혼을 한 목적은 행복을 위해서였다. 동화처럼 우아하게
살 줄 알았다. 하지만 우아한 여성의 모습은 찾아볼 수 없었고, 항
상 놀이터와 키즈카페만 다녔다. 아이를 동반한 엄마들과의 모임
외에는 사람을 만나는 일도 드물었고, 갖고 싶은 물건이 있어도 아
이를 위해 참아야 했다. 모든 것이 아이를 중심으로 돌아갔다.

일을 하고 꾸미는 엄마들을 보면 한없이 부럽고 내가 초라하다

는 생각이 들었다. 나도 일을 하고 꿈이 있던 모습을 되찾고 싶단 생각이 들었다. 하지만 정작 생각해 보면 워킹맘들이 부러운 것이 아니었다. 온전히 나만을 위한 시간이 갖고 싶고, 내 능력을 인정받고 싶었다. 그래서 재취업에 도전했다. 원하는 일을 하고 자신을 표현할 수 있게 된 후부터 나에게는 새로운 꿈이 생기기 시작했다. 바쁜 일상 속에도 밝은 미래를 생각하는 아름다움을 갖게 된 것이다.

일을 하며 나는 행복을 느꼈다. 빛나고 아름답던 내 모습을 다시 찾은 기분이었다. 막연하게 행복을 기다리지 않고 추진력 있게 행동해 재취업에 성공했기에 얻게 된 기쁨이었다. 내가 원하는 것을 알지 못한다면, 그저 이상만을 바라며 어제와 같은 오늘을 살게 된다. 나의 아름다움은 일상 속에 묻히고 마는 과정을 반복하게 되는 것이다.

스스로에게 질문해 보자. 어떤 일을 하고 싶고 어떻게 시간을 보내고 싶은지. 자신을 발견할 수 있는 방법들을 꾸준히 찾아야 한다. 예전의 나는 타인을 보며 부러워만 하고 나에게 질문이라는 것을 해 본 적이 없다. 내가 어떤 일을 하고 싶은지, 그리고 어떤 시간을 보내고 싶은지에 대해서 말이다. 그저 아이들과 어떻게 하루를 보낼지에 대한 고민만 늘어놓았다. 반면 지금은 내 인생에서 꼭 이루고 싶은 것들을 하기 위해 무엇을 해야 하는지, 인생에 대한 방향과 가족들의 미래에 끼칠 영향을 생각해 보게 된다.

내 인생의 터닝 포인트는 일이었다. 일을 시작하기 전, 나는 결혼을 하고 육아를 하면서 내 꿈과 삶이 모두 변했다고 생각했다. 하지만 그것은 착각이었다. 결혼과 육아는 빛나는 인생을 살게 해 주는 원동력이었을 뿐이다. 그리고 다시 시작한 일이야말로 내가 진정으로 원하는 삶의 방향을 제시해 주고 꿈이 있는 삶을 알게 해 주는 수단이었다.

　　단순히 예뻐지고 싶고, 나를 가꾸고 싶어서 시작한 재취업이었다. 아주 단순한 이유였다. 일상생활에서 벗어나고 싶었을 뿐이다. 나를 찾는다는 말로 포장하지 않겠다. 아이 없이 나 혼자 하는 외출이 행복했다. 그렇게 시작한 일이지만 결국 그 안에서 나를 발견했다. 그제야 나를 찾기 위해서는 일을 해야 한다는 말의 의미를 알게 되었다.

　　그저 예뻐지고 싶다는 본능만으로는 아름다움을 얻을 수 없다. 나이가 들고 얼굴에 생긴 주름마저 아름답다고 표현하기 위해서는 분명한 이유가 있어야 한다. 나는 그것을 '꿈이 있는 여자가 아름답다'라고 표현하고 싶다. 내 안에 가진 꿈으로 스스로를 가꾸며 당당한 삶을 살아가는 여성이 되기 위해 노력하는 모습을 보이기 때문이다.

　　나에게 가장 소중한 것은 가족이다. 그런 가족을 지키기 위해 내가 선택한 것은 나만을 위한 일이었다. 내가 행복해야 가족도 행복하다는 것은 누구나 아는 사실이다. 내가 매일을 우울하게 보낸다면 가족 또한 우울한 일상을 유지하게 된다. 육아에 대한 나의 욕심은 첫째 아이를 보면 알 수 있다. 내 품 안에서 모든 것을 해결하려 했고, 누구보다 소중하다고 느꼈기에 나를 희생하며 시간을 보내왔다. 하지만 내가 행복하지 않으니 아이도 행복할 수 없었다. 그저 아이를 잘 키우고 있는 엄마라며 나를 합리화시키고 있었을 뿐이다. 일을 시작하지 못하는 핑계거리로 삼은 것이다.

육아에만 전념하던 시절, 아이 엄마인데도 처녀 같은 사람들을 간혹 봤다. 아마도 모든 여성들이 바라는 모습일 것이다. 하지만 나의 현실은 외모에 투자할 시간적, 경제적인 여유도 없었다. 물론 일을 시작하고 나서도 크게 달라지진 않았다. 그러나 그때보다 지금 나는 더 밝은 인생을 살고 있고, 더 많은 꿈을 꾸고 있다. 명확한 것은 내가 일을 시작하고 꿈을 키우고 나서부터 나의 아이들에게도 꿈을 심어 줄 수 있게 되었다는 것이다.

내가 말하고 싶은 아름다움의 정의는 외모가 아니다. 일을 시작하고 나서 자신을 사랑하는 법을 배우고 자신에게 투자하지 않았던 시절에서 벗어나는 과정이라고 말하고 싶다. 꿈을 찾고 자신을 사랑하게 되면서 당연히 자존감은 올라가고 더 밝은 표정과 행동으로 아이들을 마주하게 된다.

당신은 자신이 아름다울 때가 언제라고 생각하는가? 혹시 이

질문이 어색하거나 가슴 한편이 씁쓸하지는 않은가? 나는 내가 아이를 출산하고 나서 모유를 먹이던 모습이 아름답다고 생각했다. 하지만 그것은 지속되지 않는 것이며, 힘들기도 하다. 아름다운 모습을 추억해 보니 고통이 있었다는 것은 엄마가 되고 경험으로 배우게 되는 것이다. 하지만 그것을 꿈꾸지는 않는다. 엄마의 모습은 영원하지 않다는 것이다. 다시 질문해 보겠다. 당신의 어머니가 가장 아름다워 보일 때는 언제인가? 당신이 자녀들에게 아름답게 보이고 싶은 모습은 어떤 모습인가?

외모는 세월과 함께 사라지기 마련이다. 외모보다 내면을 가꾸며 자신을 사랑할 줄 아는 여성은 세월과 함께 아름다움도 돋보이게 된다. 자신의 분야에서 최고가 되어 많은 이들에게 희망을 주는 다양한 여성들이 존재한다. 그들에게는 공통점이 있다. 어떤 것이라도 인정을 받기 위해 확고한 꿈을 꾸었다는 것이다. 자신에게 주어진 시간을 헛되이 보내지 않았다. 꿈을 이루기 위해 많은 어려움이 생길 수도 있고 아픔이 따를 수도 있지만 그 안에서 아름다움은 다듬어질 것이다. 나와 같이 아름다움을 가지기 위해 꿈이 있는 여자가 되길 바란다.

05

가정과 커리어,
꿈 모두를 잡아라

행복하고 성공한 사람들은 다음 3가지를 갖추고 있다.
첫째, 과거에 감사하고 둘째, 미래의 꿈을 꾸고 셋째, 현재를 설레어한다.

· 모치즈키 도시타카

경력 단절을 극복하기 위한 마음의 준비가 되었는가? 재취업을 하고 싶은 이유부터 생각해 보자. 경제적인 여유를 찾고 싶어서인 가, 아니면 자신을 찾고 싶어서인가? 나는 이 두 가지 이유를 모두 안고 재취업에 도전하게 되었다. 두 가지 이유는 하나의 공통점을 가지고 있었다. 바로 가정의 행복이었다. 가정에서 경제적인 여유로 움을 가지고 싶었고, 엄마가 행복해야 가정이 행복하다는 이유였다.

일을 다시 시작하고 나는 가정과 커리어의 균형을 잡아야 했다. 잘 살고 싶어서 시작한 나의 일이 가정생활과 사회활동에 방해요 소가 되지 않기 위해 노력이 필요했다. 내가 제일 걱정스러웠던 것 은 아이 문제였다. 갑작스럽게 아이가 아프거나 위급한 상황이 있 을 경우를 대비해야 했다.

남편은 출장이 잦아 육아와 가사에 큰 도움이 되지 못했다. 지금도 남편은 첫째가 어떻게 성장했는지 기억이 나지 않는다고 말한다. 어느 날 보니 훌쩍 자라 있었다는 것이다. 이런 상황이다 보니 가사 일도 당연히 많이 도와주지 못했다.

아무런 준비가 되어 있지 않은 상태에서 갑작스러운 사회활동은 서로를 힘들게 할 수도 있다. 생각하지 못했던 문제들이 발생할 경우 어떻게 대처해야 할지 평소 충분한 대화가 필요하다.

가정과 커리어, 꿈을 모두 잡기 위해 우리 부부는 남편의 육아휴직을 선택했다. 다른 사람들은 그것을 부러워한다. 육아를 남편이 전담하고 내가 일을 하는 상황이 부럽다고 한다. 하지만 생각하는 것만큼 쉽지 않은 상황이다. 사회생활을 하던 사람이 육아에만 전념한다는 것은 정신적으로 힘든 상황을 가지고 온다. 여성들도 자신의 시간 없이 육아와 가사 일만 하면 자신의 존재가 사라진다고 생각하게 되는데 남자들은 오죽하겠는가.

남편은 다섯 살 아들과 100일이 갓 지난 딸아이를 같이 돌봐야 했다. 그리고 나는 사무실을 오픈하면서 더욱 정신이 없는 상태였다. 남편은 육아휴직을 내고 육아우울증이 왔다. 나 역시 새로운 환경에 적응하기 위해 남편과 충분한 대화가 부족했다. 남편은 육아와 가사 일이 이렇게 힘들 것이라 생각하지 못했다고 한다. 내가 사회생활을 하고 남편이 육아와 가사를 시작하는 시점에서 우리는 한 달 정도 과도기가 있었다. 아이에 대한 정보도 부족했고, 소통할 사람들도 없는 상태에서 나와의 대화 단절은 감정의 골이 더 깊어지게 만든 것이다. 나는 나대로 일을 마치고 돌아왔을 때 엉망이 된 집을 보며 심신이 지쳤다. 남자들이 일을 마치고 집에 돌아갔을 때 우울해하는 아내를 보고 집에 들어가기 싫어진다는 감정을 이해하고 있을 때쯤이었다.

이런 상황이 지속되다 보니 상황이 심각해질 것이라는 판단이 들었다. 나는 남편과 대화를 하길 원했고 남편은 그런 나를 기다리고 있던 눈치였다. 일을 하고 싶어 한 것은 나의 결정이었다. 모든 상황이 나로부터 시작했지만, 생각했던 것보다 현실은 힘들었다. 가정과 일의 균형을 맞추는 것은 생각보다 쉽지 않았다. 나는 가족에게 활력소가 될 수 있는 방법을 찾기 위해 남편과 많은 대화를 하고 부단히 노력했다. 남편은 육아와 가사 일에 적응기가 필요하다고 이야기했다. 모든 상황이 낯설었을 거라고 미처 생각하지 못했다.

경단녀가 재취업을 했을 때도 마찬가지일 것이라 생각한다. 이전에는 없던 상황들이 펼쳐질 테고 생각하지 못한 일들이 생긴다. 그럴 때마다 일을 해야 할지 고민만 한다면 다시 원점이 되고 만다. 이런 문제를 해결하고 미리 준비하기 위해선 남편과의 꾸준한 소통이 필요하다. 가정의 문제가 해결되지 않는다면 사회생활도 편하지 않을 것이다. 가정이 안정되어야 나의 꿈도 이룰 수 있는 것이다.

내 꿈과 가정의 균형에서 흔들렸던 위기의 순간이 또 있었다. 바로 조바심을 갖고 나서부터였다. 재취업을 하고 나에게 생긴 또 다른 꿈을 위해 가족의 지원이 필요했다. 작가의 꿈을 가지고 나서부터 경제적인 어려움을 겪게 되었다. 남편의 육아휴직으로 경제적인 부분은 모두 내가 책임져야 하는 상황이었다. 오랜 시간 경력 단절이었던 여성이 다시 사회에 나가게 되면 다른 세상의 현실을 보게 되기도 한다. 바로 내가 뒤쳐지고 있다고 생각하게 되는 것이다.

가정이라는 울타리 안에서 좁은 사고방식을 가지고 있었다는 생각이 들었다. 다른 사람들이 꿈에 도전하는 모습을 보며 나를 돌아보게 되었다. 이런 생각들로 가정의 소중함을 잠시 잊기도 했다. 내가 뒤처진다고 생각하니 조바심이 들어 다른 이들과 비교하게 되었다. 내가 일을 다시 시작한 이유는 행복을 찾기 위함이었지만, 가정의 불화를 불러올 수도 있다는 사실은 생각하지 못했다. 그런 조바심은 가족과 마찰을 만들어 냈다. 나의 꿈을 지원해 달라며 가족에게 희생을 강요했던 것이다.

육아와 가사 일을 남편이 하는 것에 대해 당연하다고 생각했다. 나는 전업주부였을 때 남편에게 꾸준히 도움을 요청했었다. 그런데 워킹맘이 되고 입장이 바뀌었다는 것은 생각도 못하고 남편의 상황을 이해해 보려고 하지도 않았다. 이 사실을 알게 된 것은 역시 대화 덕분이었다.

재취업을 하고 나니 꿈에 대해 욕심이 생겼다. 그동안 잊고 있었던 나 자신을 발견했다고 생각한 것이다. 하지만 곰곰이 생각해 보니 이 모든 것은 가족을 위한 것이기도 했다. 어느 누구에게도 희생을 강요해서는 안 되는 것이었다.

가정과 커리어 그리고 꿈을 모두 잡기 위해 잊지 말아야 할 것이 있다. 바로 우선순위다. 무엇이 중요한지 우선순위를 정한다면 무슨 일이 있어도 해결방법들을 찾을 수 있다. 나는 그것이 가족과의 소통이라고 생각한다. 가족과의 꾸준한 대화가 없었다면 지금의 나도 없었다.

남편과 대화를 하며 가족의 지원이 얼마나 중요하고 힘이 되는지 깨달았다. 그런 지지 속에서 나의 꿈을 좇겠다고 누군가를 희생하면 안 되는 것이다. 가족은 내가 힘들 때 일어날 수 있는 힘이 되고, 지켜야 하는 소중한 존재다. 나를 믿어 주는 가족의 지지는 꾸준한 대화를 통해 나의 꿈과 명확성을 표현하고 나서 더욱 단단해졌다.

혼자서만 꿈에 대한 열정을 생각하고 있다면, 가정은 다시 흔들릴 것이다. 내 생각을 소통하고 실천하는 모습을 보여 준다면 더 큰 응원을 받게 될 것이다. 생각만으로는 꿈을 이룰 수 없다. 실천은 나의 몫이다. 그 결과가 긍정적일 때 가족을 설득할 힘을 발휘할 수 있다. 재취업을 통해 나는 최선을 다해 일하고, 그 과정과 결과로 남편의 신뢰를 얻었다. 남편이 나의 꿈을 믿어 주는 것은 내가 노력하는 과정을 지켜봐 왔기 때문이라고 생각한다. 그러기에

경제적인 어려움을 감수하고서도 꿈을 밀어 주는 지원자가 되어
준 것이다. 이런 시간이 오기까지 서로에 대한 믿음이 흔들렸던 적
도, 소통이 부진했던 시간도 있었다. 그런 것들을 해결하기 위해 끊
임없이 대화를 하면서 우리는 더욱 단단해졌다.

다시 일을 하고 꿈을 찾는 것은 절대 혼자 결정해야 하는 문제
가 아니다. 가족과 충분한 대화로 믿음을 주어야 한다. 가정과 커리
어의 균형을 지키고 꿈을 이룬 10년 후 당신의 모습을 상상해 보
자. 지금 무엇을 우선순위로 생각해야 할지 답이 나올 것이다.

06

꿈이
나의 미래다

꿈을 꿀 수 있다면 행동할 수 있고,
행동할 수 있다면 원하는 대로 될 수 있다.

· 브라이언 트레이시

꿈을 좇고 있는 당신이 제일 먼저 해야 할 것들이 있다. 바로 꿈을 실현시켜 줄 수 있는 직업을 선택해야 한다는 것이다. 기회를 만들어 주고 재능을 발휘하게 해 주며 자신의 가치를 알게 해 주는 수단이 되기 때문이다.

꿈이 없던 시절 나는 무엇을 해야 할지 몰랐다. 그저 다른 사람이 이룬 꿈을 보며 한없이 작아지는 나를 발견하기만 했다. 나도 저 자리에 있고 싶지만 상황이 여의치 않아 못하고 있는 것뿐이라고 생각했다. 그렇게 바뀌는 것 없이 매일 같은 일상을 보내고 있었다.

출근을 하면 아침 교육을 진행한다. 제품 교육과 세일즈 교육이다. 교육 전에는 항상 감사메모로 시작했다. 오늘 감사한 일을 표현하는 것이다. 그리고 긍정확언으로 교육을 마쳤다. 긍정의 기운은 세일즈 업무에서 상당히 중요한 의미를 두고 있다. 많은 사람을 만나며 좋은 이미지를 심어 주어야 하기 때문이다. 좋은 이미지는 절대 한 번에 만들 수 없다. 교육시간마다 내가 외쳤던 긍정확언이 있다.

"나는 월 5,000만 원을 번다! 나는 작가가 된다!"

매일같이 교육장에서 같은 구호를 외쳤다. 내가 책을 내고 싶다고 생각한 것은 사업을 확장하기 위해 배웠던 SNS 교육 덕분이었다. 사업을 확장해 성공한 여성이 되고 싶다는 생각을 하고 많은 책들을 접하게 되었다. 저자들은 저마다 자신만의 스토리를 가지고 성공하는 모습을 보여 주고 있었다. 그 어느 하나 소중하지 않은 사람이 없다고 느낀 것도 책을 통해서였다. 나의 가치를 확인하고 싶고 상대방의 가치 또한 소중하며 보석 같은 존재라고 느껴지기 시작한 것이다. 나의 스토리를 책으로 표현하고 싶다고 생각이 들기 시작하면서 나는 교육장에서 매일 같은 구호를 외치기 시작했다.

나는 불과 얼마 전까지만 해도 둘째를 낳고 산후 조리를 하던 평범한 산모의 모습을 하고 있었다. 이 책을 집필하면서 둘째 아이의 첫 번째 생일을 맞이했다. 작가가 되고 싶다는 꿈을 꾸게 된 것은 일을 시작하고 나서부터다.

나는 일상에서 탈출하고 싶다는 욕구로 일을 시작하게 되었다. 꿈이 있어 일을 시작한 것이 아니었다. 첫째를 혼자 키우면서 많은 감정의 변화들을 느꼈고, 아이는 내 곁에 있지만 외롭다는 생각을 많이 했다. 둘째를 출산하고 다시 그러한 시간을 보내야 한다는 생각에 마음이 무거웠다. 그러다 뜻밖의 외출로 인해 혼자만의 시간으로 행복을 느끼게 되면서 그 기분을 또 느끼고 싶어서 일을 선택한 것이다. 그렇게 시작한 일은 내게 다른 꿈으로 향하는 기회를 만들어 주었다.

절대 쉬운 일은 아니었다. 하지만 나도 꿈이라는 것을 꿀 수 있다고 생각하니 무서울 게 없었다. 오로지 할 수 있다는 생각만 했다. 꿈은 나에게 분명한 목표를 심어 주었다. 그리고 내 안에 열정이 있다는 사실을 발견했다. 그저 아이의 성장에만 관심이 있던 나에게 열정이 생긴 것이다. 꿈의 힘은 정말 위대하다고 말하고 싶다. 열정은 나를 실천하는 사람으로 만들어 주었다. 만약 내가 취업을 하지도 않고, 새로 찾은 꿈을 이루기 위해 행동하지도 않았다면 나에게는 아무런 변화도 일어나지 않았을 것이다.

8년간의 경력 단절을 끝내고 새로운 환경에 도전할 수 있도록 힘이 되어 준 것은 나를 고용한 회사였다. 방문판매 카운슬러는 부업으로 도전하기 좋은 직업이다. 누구나 할 수 있지만 아무나 성공 못하는 직업이기도 하다. 그런 업무의 특성상 한 지역의 특약점을 오픈한다는 것은 회사의 얼굴을 대신하는 것이라고 생각한다. 나의 이미지가 곧 회사의 이미지다. 나 역시 모든 것을 회사에 쏟아부어야 했다. 내가 성공하지 못하면 가족 모두 큰 타격을 입기 때문이다.

특약점을 오픈하기 위해서는 면접을 봐야 한다. 이전에 면접에서 떨어진 분의 이야기가 나오자 나는 더 긴장했다. 면접관은 나에게 앞으로 꿈이 무엇이냐고 했다. 나는 능력 있는 엄마가 되고 싶다고 했다. 그리고 돈을 많이 벌었으면 좋겠다고 솔직하게 답변했다. 인상 좋은 면접관의 대답이 생각난다.

"이 일이 한번에 돈을 벌 수 있는 직업은 아니에요. 사람을 얻는다고 생각하고 일을 하면 돈은 알아서 따르게 됩니다."

회사는 8년 동안 경력이 단절되었던 내게 기회를 주었다. 나는 제품력 하나만 믿고 중소기업에 입사했다. 그리고 면접 때 들은 이야기를 잊지 않고 근무하기 시작했다. 돈보다는 사람을 얻기 위해 일을 했다. 나의 사람들을 성공시키고 싶다는 생각으로 많은 것에 도전했다. 어려움도 있었고 힘들고 지치는 시간들도 분명히 있었다. 나는 그저 현재에 충실했다. 사업을 위해 사람을 얻으려고 노력했고, 사람을 얻기 위해 그들이 성공하길 진심으로 바랐다. 그들 역시 나와 같은 여성들이었고 경단녀가 대부분이었다.

내가 사무실을 오픈한 이유는 나와 같은 처지의 여성들이 근무하기 좋은 환경을 만들고 싶어서다. 업무에 쫓기는 회사가 아닌 즐겁게 일할 수 있는 분위기를 만들기 위해서다. 그들과 내가 같이 성공하기 위해 나를 상품화하고 회사를 알리는 데 집중했다. 당장 돈을 많이 벌려고 했다면 혼자서 열심히 화장품을 팔았을 것이다.

현재 위치에서 내가 할 수 있는 모든 것에 집중하다 보니 어느 순간 꿈을 꾸고 있다는 것을 발견했다. 그들을 위해서가 아니었다. 나를 위해 현재에 최선을 다한 것이다. 이 모든 것들이 일을 하지 않았다면 불가능했을 것이다.

만약 지금 일은 하고 있는데 꿈이 없다면 스스로 질문해 보길 바란다. 현재 일에 정말 최선을 다하고 있는지, 월급을 받기 위해 회사에 출근하고 있는 것은 아닌지 자문해 보라.

아직 취업을 하지 못한 경단녀들은 꿈을 가질 기회가 많다고 생각하길 바란다. 다만 시간을 헛되이 보내면 안 된다. 꿈을 찾고 실현시키기 위해 직업은 하나의 도구가 될 수 있다. 직업이 꿈이 되는 것이 아니다. 직업은 꿈을 위한 기회를 만들어 주고 당신의 재능을 발견하게 해 주고 가치를 깨닫게 해 주는 과정이다.

나는 지금 꿈꾸고 있는 현재가 나의 미래라는 것을 알고 있다. 이것을 알기 위해 일을 선택했다는 것을 현재에 충실하게 하다 보니 깨닫게 되었다. 당신의 미래를 변화시킬 꿈을 찾기 위해 결정적인 직업을 찾는 실행력으로 미래를 설계해 보자.

07

일을 통해
인생 2막을 시작하라

모두가 세상을 변화시키려고 생각하지만,
정작 스스로 변하겠다고 생각하는 사람은 없다.

· 레프 톨스토이

　　지금이 내 인생의 황금기라고 이야기할 수 있는 사람은 과연 얼
마나 될까? 나는 일을 통해 변화되고 있는 지금이 내 인생 2막을
알리는 시작점이라고 생각한다.

　　예전의 나는 결혼으로 인생 2막을 열 수 있을 것이라 생각했다.
새로운 인생이 펼쳐지는 제일 큰 변화이기 때문이다. 하지만 결혼
으로는 인생을 새로 시작할 수 없다는 것을 알게 되었다. 경단녀에
게 결혼은 자신을 알아가기 위한 휴식 시간이라고 표현하고 싶다.
되돌아보니 결혼은 육아를 하면서 나 자신을 꽁꽁 숨겨 놓았던 시
간들이다. 미래를 설계하고 준비해야 하는 인생 2막은 다시 찾은
일에서 시작하고 있다.

몸이 약한 친정 엄마는 내게 항상 건강을 챙겨야 한다고 강조하신다. 본인도 아직 한창 일할 나이인데 몸이 약해 일을 하지 못하고 있다며 아쉬워하신다. 일을 해서 손주들에게 용돈을 주고 싶은데 그러지 못하니 속이 상하신 듯하다. 요즘은 나이 들어서 돈도 없으면 어디서든 대우받지 못한다며 내게 꼭 일을 하라고 하신다. 현실적인 이야기다. 나는 딸로서 엄마 용돈은 책임지겠다고 말씀드리고 싶지만 정작 우리 가족 생활비 충당하느라 바쁘다. 명절이나 생신 때 용돈 조금 챙겨 드리는 게 전부다.

나도 이제 부모가 되었다. 엄마의 이야기를 내 아이들에게 할 날이 올 것이다. 우리가 부모님의 연령대가 되었을 때를 생각하면 더 탄탄한 노후자금을 준비해 놓아야 할 것이다. 우리도 부모님 세대보다는 교육비가 더 들었고 물가도 올랐지 않은가? 이렇게 변화하는 시대에 그저 손 놓고 독박육아만 고집하고 있어야 할까? 더 늦기 전에 재취업을 알아봐야 한다.

경단녀 시절 내가 얼마나 좁은 세계에서 살고 있었는지 일을 시작하고 깨닫게 되었다. 그리고 내 아이에게도 영향을 끼칠 수 있다는 것 또한 알게 되었다. 성공을 생각하며 자기계발을 아끼지 않는 사람들은 자녀에게 더 많은 기회를 준다. 육아에 정보력이 뛰어난 엄마들은 많다. 하지만 정보일 뿐이다. 직접 체험하고 세상을 알아가는 것이 아이에게 길잡이가 되어 줄 수 있는 최고의 방법이다.

앞으로 30만 명의 일자리가 사라질 것이라는 이야기를 들어본 적이 있는가? 현실에서 일어나고 있는 일이다. 스마트폰으로 물건을 집어 가상카트에 담고 물건은 집으로 배송되는 시대다. 줄을 서지도 않고 결제를 따로 해야 하는 번거로움도 없다. 그뿐인가? 이제 로봇이 수술을 하면서 의사 또한 사라질 것이라고 한다. 하지만 아직도 내 주변에는 아이의 희망직업을 의사로 생각하는 부모가 많다. 미래 직종에 대해 심각성을 느끼지 못하는 것이다.

나의 인생 2막에는 나뿐만이 아니라 가족도 포함되어 있다. 다양한 분야의 사람들을 만나기 시작했고, 다양한 직업들을 알게 되었다. 그리고 교육 현실을 조금 더 가까이 접할 수 있는 기회들도 생겼다. 나는 일을 시작하고 나서 두 가지를 알게 되었다.

첫째, 노후에 자녀에게 피해를 주지 않으려면 능력 있는 엄마가 되어야 한다는 것이다. 시간이 지날수록 내가 할 수 있는 직업은 줄어들 것이다. 연령대는 높아지고 할 수 있는 분야는 좁아진다. 그러니 조금이라도 일찍 노후를 책임질 수 있는 일에 도전해야 한다.

둘째, 일을 함으로써 아이들에게 훨씬 더 많은 정보를 줄 수 있다. 워킹맘은 일하느라 바빠서 육아와 자녀교육에 대한 정보력도 떨어지고 모든 면에서 소홀해질 수밖에 없다고 여겨진다. 아이와 함께할 시간이 부족하다 보니 많은 워킹맘들이 그에 대해 죄책감을 갖고 있다. 반대로 육아맘은 아이와 함께하는 시간이 많고 다양한 경험을 통해 아이가 성장한다고 믿는다. 아이에게 다양한 경험은 상당히 중요하다. 하지만 미래에 대한 간접 경험도 중요하다고 생각한다. 일선에서 뛰고 있는 워킹맘들은 현실을 누구보다 잘 알고 있다. 미래에 내 아이들이 사회생활을 하지 않을 것이라면 문제가 되지 않는다. 누구보다 당당해질 필요가 있는 것이다.

나는 일을 시작하며 이 두 가지를 깨닫게 되었다. 깨달음을 내 것으로 만들기 위한 이유는 역시 아이들 때문이다. 일을 시작하고 나는 당당한 엄마가 되기로 선택했다. 경단녀가 일을 시작하게 되면, 어떤 마음가짐인지에 따라 인생이 확연히 달라진다. 마트에서 아르바이트로 시작한 일이라면, 주인의식을 가지고 일할 경우와 용돈벌이라고 생각하고 일할 경우의 미래는 확연한 차이가 분명히 나타난다.

무슨 일이 되었든지 인생 2막을 시작하고 싶다면 현재에 최선을 다하길 바란다. 자신뿐만 아니라 가족에게도 새로운 인생을 열어 준다는 당당함으로 일을 하도록 하자. 재취업은 상당한 용기를 필요로 하지만, 그 용기가 우리의 미래를 결정짓는다. 경단녀가 일을 못하는 이유 중 하나는 아이를 돌봐줄 사람이 없다는 것이다. 아이를 잘 키우고 싶다는 뜻이기도 하다. 자녀를 잘 키우는 방법에는 여러 가지가 있다.

일을 시작하면 가족들은 새로운 환경에 처하게 된다. 그때 어떤 해결점을 찾는지 부모가 어떤 모습으로 가정을 이끌어 가는지 보여 줌으로써 아이는 많은 것을 배우게 된다. 우리 가족도 그러했다. 새로운 환경에서 아이들은 더욱 성장했고 인정하는 법을 배웠다. 그리고 엄마와의 시간을 소중하다고 생각한다.

나 역시 일을 통해 아이의 소중함을 누구보다 많이 느끼게 되었다. 더 따뜻한 엄마가 되기 위해 노력했고 자립심을 키워 주었다. 뿐만 아니라 남편과의 소통도 더 활발해졌다. 육아 이야기만 하는 것이 아니라 꿈을 이야기하게 된 것이다. 물론 한 번에 갑자기 좋아진 것은 아니다. 일을 통해 많은 과정을 겪으면서 인생 2막을 시작하게 된 것이다. 앞으로의 미래가 더욱 기대된다. 당신도 가족의 중심에서 일을 통해 인생 2막을 시작해 보자.

08

꿈아내, 꿈엄마로
살아라

나는 평생 하루도 일을 하지 않았다. 그것은 모두 재미있는 놀이였다.
· 토머스 에디슨

가족의 미래에 설레어 본 적 있는가? 나는 매일 가슴 뛰는 나날을 보내고 있다. 요즘 우리 집의 풍경은 결혼 전 내가 꿈꿔왔던 모습이다. 나의 어린 시절의 아픔을 내 자녀들에게 대물림해 주기 싫었다. 집에서 텔레비전만 보시던 아버지는 항상 술과 폭력이 함께였다. 엄마는 생활고에 지친 상태로 끊임없이 힘든 일들만 하고 계셨다. 나와 남동생은 그런 가정에서 자라며 꿈을 이룰 수 없는 이유들만 찾고 있었다.

일찍이 사회생활을 시작한 나는 큰 깨달음을 얻었다. 나만 힘든 상황이 아니었다는 것이다. 나와 비슷한 환경의 친구들이 많았고 그들로 인해 힘을 얻기도 했다. 그리고 내가 원하는 부모의 모습을 명확하게 그려야겠다는 사건들이 발생한다.

화장품 매장에서 일을 하면서 많은 학생들을 접하게 되었다. 그 중 호기심으로 물건을 훔치는 학생들이 많았다. 그런 학생들을 그냥 지나치지 않고 습관이 되지 않도록 부모에게 연락했다. 물론 그 자리에서 훈계하고 보냈어도 되는 일이다. 분명 호기심으로 시작했을 거라는 것을 나는 알고 있다. 하지만 그 작은 행동이 아이들의 미래를 바꿀 수도 있다고 생각하니 지나치면 안 되는 문제였다. 하루에 많으면 열 명 정도의 학생들을 적발하기도 했다. 나는 하나같이 부모들에게 전화해 통보했다. 그러고는 아이들에게 항상 같은 말을 했다.

"부모님이 열심히 일해서 모은 돈을 누군가 훔쳐 가면 네 기분은 어떨 것 같니? 지금 네 행동은 여기서 열심히 일하는 직원들의 돈을 훔쳐 가는 것과 마찬가지야."

나는 돈 이야기를 한 것이 아니다. 일을 하고 있는 사람의 가치에 대해 이야기한 것이다. 자신의 부모가 일하는 모습을 생각한다면 타인의 일도 중요할 것이다. 그때마다 아이들의 태도는 참으로 다양했다. 직원들에게 사과하는 아이가 있는 반면, 돈을 지불하면 그만 아니냐고 하는 아이들도 있었다. 나는 그 모습을 보며 부모가 아이들을 어떻게 교육시키는지 알 수 있었다. 아이들의 태도는 하나같이 부모와 같은 모습을 하고 있었다. 적반하장 학생의 부모는 자신이 누구인지 아냐며 따지기도 했고 나를 협박하기도 했다. 엄마가 상처받는다고 알리지 말라는 학생의 부모는 아이의 손을 잡고 와 교육을 잘못해서 죄송하다며 수없이 사과했다. 그 모습을 보며 내가 어떤 부모가 되고 싶은지 생각해 보게 되었다.

나는 일에 대한 가치를 심어 주는 부모가 되고 싶었다. 일을 하면 꿈이 생긴다는 것을 알고 있었기 때문이다.

경단녀 시절, 나는 하루가 빨리 지나가길 바랐다. 아이들이 잠든 시간이 제일 행복하다고 느꼈다. 하루하루가 힘들었다. 아이에게 TV를 보여 주고 스마트폰만 만지고 있는 내 모습이 영락없는 나의 아버지 같았다. 어디서부터 잘못된 걸까? 가족에 대해 따뜻한 꿈을 꾸던 나의 20대는 어디로 갔을까? 그 해답을 찾은 것은 내가 일을 하고 꿈이 생기고 나서였다.

우리 집의 아침은 국민체조로 시작한다. 요리는 항상 아이와 같이 한다. 부엌이 엉망이 되어도 짜증이 나지 않는다. 아이가 엄마에게 예의 없는 행동을 하거나 어른에게 함부로 행동하면 그 자리에서 예의범절을 알려 준다. 집에는 TV 대신 많은 책들이 있다. 유치원 등원 시간에 늦는다고 아이에게 억지로 밥을 먹이지 않는다. 모든 것은 아이 스스로 해야 한다. 혹여나 시간을 놓쳐 버스를 놓친다면 그건 아이의 책임이다. 특별히 혼내지는 않지만, 시간을 지키지 못한 결과임을 알려 준다. 일을 하기 전에는 어쩌다 아이가 유치원에 가지 않겠다고 하면 나만의 시간이 사라지는 기분이 들어 어떻게든 보내려고 했었다. 하지만 지금은 유치원 대신 가족여행을 선택하기도 한다. 매일 저녁 한 시간씩 온 가족이 모여 앉아 책을 읽는다. 우리 집 벽에는 가족들이 원하는 버킷리스트가 적혀 있다. 매일 미래와 이루고 싶은 꿈에 대한 이야기를 나눈다. 다섯 살 아들의 꿈은 우주에 가는 것이다. 그리고 쓰레기차를 운전해 보는 것이다. 그 꿈을 이루기 위해 무엇을 해야 하는지 아이의 눈높이에 맞춰 대화한다.

어쩌면 잘못된 육아일 수도 있다. 하지만 육아에 정답은 없다. 내가 이렇게 우리 집 풍경을 이야기할 수 있는 것은 꿈이 있는 행복한 엄마이기 때문이다. 그렇다면 분명 내 아이도 행복하다고 생각한다. 엄마가 행복하면 당연히 아이들도 행복하다.

이 모든 것들은 내가 일을 함으로써 아빠와 아이들이 함께 시간을 보낸 덕분이다. 아이들의 유년 시절은 다시 오지 않는다고 생각했기에 선택한 과정이다. 가끔은 둘이 맞벌이를 하라고 하는 사람들도 있다. 하지만 지금 이 모습이 내가 꿈꿔온 모습이다. 남편과 나는 많은 대화를 하고 선택했다. 돈보다 시간과 가치에 투자하기로 했다. '꿈아내'를 인정해 준 것이다.

혹자는 내가 돈을 많이 벌기 때문에 가능하다고 한다. 사실 내소득은 남편 혼자 벌 때와 큰 차이가 없다. 그럼에도 불구하고 남편보다 내가 일을 하기로 선택한 이유는 시간을 벌기 위해서다. 아이는 언젠가 성장할 텐데 그때 같이 벌어도 된다고 생각했다. 다만 내게 기회가 찾아왔을 때 그 타이밍을 놓치고 싶지 않았던 것이다.

여자보다는 남자가 다시 일을 시작하기 좋다. 그러니 지금 아이들과 아빠의 시간을 가져야 한다고 판단했다. 이런 상황을 나는 결혼 전부터 남편과 자주 이야기하곤 했다. 육아를 시작하면 원하는 모습을 이야기하고 남편의 육아휴직에 대해서도 자주 이야기했다. 남편과 나는 아버지에 대한 기억이 좋지 않아서 우리 아이들은 아빠와 행복한 추억을 쌓기를 바랐기 때문이다.

지금 나의 모습이 전부 계획대로 이루어진 것은 아니다. 하지만 분명한 것은 나는 항상 꿈꾸고 있었다는 것이다. 그래서 기회가 왔을 때 놓치지 않고 행동한 것뿐이다. 그렇게 재취업을 하고 다시 시작한 일에서 내가 정말로 하고 싶은 일을 하고 있다. 그리고 내 일로 인해 많은 사람들이 성공하기를 진심으로 바란다. 모두 나에게 소중한 가치로 돌아올 것이다. 지금까지 꿈꿔온 모든 것들이 이루어졌던 것처럼 앞으로 경제적, 시간적 자유를 얻게 된다는 것도 믿고 있다. 나는 우리 가족을 행복하게 이끌어 주는 꿈아내이자 꿈엄마다.

지극히 평범했던 내가 이렇게 행복하게 살고 있는 것처럼, 당신도 꿈아내, 꿈엄마로 살아갈 수 있다. 나의 이야기가 동기부여가 되어 당신도 꿈꾸는 여자가 되길 진심으로 바란다.

경단녀 재취업 공부법

초판 1쇄 인쇄 2018년 10월 23일
초판 1쇄 발행 2018년 10월 30일

지 은 이 **이시현**
펴 낸 이 **권동희**
펴 낸 곳 **위닝북스**
기   획 **김태광**
책임편집 **김진주**
디 자 인 **이혜원**
교정교열 **박고운**
마 케 팅 **강동혁**

출판등록 **제312-2012-000040호**
주   소 **경기도 성남시 분당구 수내동 16-5 오너스타워 407호**
전   화 **070-4024-7286**
이 메 일 **no1_winningbooks@naver.com**
홈페이지 **www.wbooks.co.kr**

ⓒ위닝북스(저자와 맺은 특약에 따라 검인을 생략합니다)
ISBN 979-11-88610-84-6 (03190)

이 도서의 국립중앙도서관 출판도서목록(CIP)은 서지정보유통지원시스템
홈페이지(http://seoji.nl.go.kr)와 국가자료공동목록시스템(http://www.nl.go.
kr/kolisnet)에서 이용하실 수 있습니다.(CIP제어번호: CIP2018032743)

위닝북스는 독자 여러분의 책에 관한 아이디어와 원고 투고를 설레는
마음으로 기다리고 있습니다. 책으로 엮기를 원하는 아이디어가 있으신 분은
이메일 no1_winningbooks@naver.com으로 간단한 개요와 취지, 연락
처 등을 보내주세요. 망설이지 말고 문을 두드리세요. 꿈이 이루어집니다.

※ 책값은 뒤표지에 있습니다.
※ 잘못 만들어진 책은 구입하신 서점에서 교환해 드립니다.